数字媒体品牌形象设计

林怡 编著

上海交通大学出版社
SHANGHAI JIAO TONG UNIVERSITY PRESS

内容提要

本书介绍数字媒体品牌形象设计的理论与设计方法，通过视觉来传达品牌核心价值观和个性。内容主要包括品牌设计、视觉元素提取、内容创作风格和品牌策略以及案例介绍。随着时代的进步，数字媒体品牌形象在竞争激烈的市场中凸显出独特性，如何与目标受众建立情感联系、提升品牌竞争力和影响力也是一门重要的学问。

图书在版编目（CIP）数据

数字媒体品牌形象设计 / 林怡编著 . — 上海：上海交通大学出版社，2024.11 — ISBN 978-7-313-31416-1

Ⅰ . G206.2

中国国家版本馆 CIP 数据核字第 2024DX2012 号

数字媒体品牌形象设计
SHUZI MEITI PINPAI XINGXIANG SHEJI

编　　著：林怡

出版发行：上海交通大学出版社　　　　　地　　址：上海市番禺路 951 号
邮政编码：200030　　　　　　　　　　　电　　话：021-64071208
印　　制：上海锦佳印刷有限公司　　　　经　　销：全国新华书店
开　　本：889mm × 1194mm 1/16　　　印　　张：7.25
字　　数：158 千字
版　　次：2024 年 11 月第 1 版　　　　　印　　次：2024 年 11 月第 1 次印刷
书　　号：ISBN 978-7-313-31416-1
定　　价：69.00 元

前言

在当今社会，"品牌形象设计"和"数字媒体"已成为两个充满内涵的关键概念。在本书中，我们将深入探讨它们的本质。它们以数字化和网络技术为支持，透过多元传播渠道，运用多样媒体元素，向受众传递品牌价值。

全书分为三个主要篇章："理论基础""方法训练"以及"欣赏表达"，系统地解析品牌形象与数字媒体设计的流程和实践方法。

首个篇章"理论基础"将通过深入剖析，帮助读者把握品牌形象设计与数字媒体的定义概念及关键构成，洞察设计的全过程。这一部分将包括品牌形象设计的内涵及其在数字媒体时代的崛起，品牌形象设计的发展趋势，以及数字媒体与品牌传播的协同关系等内容。

第二个篇章"方法训练"将着重于实践方法的培养。我们将详细探讨关键设计步骤，这些步骤在我们进行品牌形象和数字媒体设计的过程中具有不可或缺的重要性。通过具体的训练项目，使读者逐步了解品牌形象设计的基本流程及数字媒体设计的创新手法。此外，我们将呈现比赛项目和实践项目，让读者一览实践的流程与效果，促进对设计流程的理解。

在最终篇章"欣赏表达"中，我们向读者介绍杰出的作品案例及优秀设计师，从设计师们对创意的起源到最终实现的过程展开讲解，充分展现好的品牌形象与数字媒体设计的价值与影响力。希望这些案例可以使读者深入设计的背后故事，从而引发他们在设计中的灵感与思考。

品牌形象设计与数字媒体的交融，不仅仅是一种视觉的创意，更是一种情感的传递，一种价值的呈现。它能够在多元媒体的映衬下，将品牌价值深入人心，为品牌传播开辟全新的局面。在这个快速变革的数字时代，我们将带领读者探索品牌与媒体的无限可能，共同揭示创新设计的辉煌未来。

壹

理论基础

目录

贰 方法训练

叁 欣赏表达

壹

品牌形象设计是指基于正确品牌定义下的符号沟通，它包括品牌解读及定义、品牌符号化、品牌符号的导入和品牌符号沟通系统的管理及适应调整四个过程，它的任务就是通过符号沟通帮助受众储存和提取品牌印记。品牌形象设计的原则是根据消费者的感觉以及企业自身的审美和追求而进行的。

理论基础

第一节 品牌形象设计的定义

一、品牌的起源与概念

"brand"一词指品牌，源自 1500 年前古北欧斯堪的纳维亚国家的挪威文，意为烙刻印记，最初是指给自家养的牲畜身上留下印记，区别于别家牲畜用来证明所有权的行为，这种印记的行为后在古希腊、古埃及、古中国，用于自己打造的陶瓷器皿、乐器之上。 品牌的出现，从一开始就是以文字或形象留下专属印记，以不同的印记作为商标，可以将这些印记视为最早的品牌标志。每个商标都是独一无二的象征，不仅强调产品本身与其他品牌的区别，更是品质的保证，同时具有简洁且识别性强的特征。品牌的历史实际上可以追溯到几个世纪以前，多年过去，这种科学与艺术相结合的形式，已发展成为建立任何成功企业的重要组成部分。

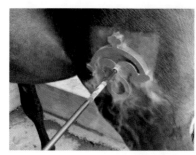

牲畜身上的烙印

| 1976 | 1977 | 1998 |
| 2001 | 2007 | 2013 |

Apple 公司 logo 的演变

品牌是一种识别标志、一种精神象征、一种价值理念，是品质优异的核心体现。培育和创造品牌的过程也是不断创新的过程，自身有了创新的力量，才能在激烈的竞争中立于不败之地，继而巩固原有品牌资产，多层次多角度、多领域地参与竞争。它是由品牌名称、品牌标志和商标组成的。品牌指公司的名称、产品或服务的商标，和其他可以有别于竞争对手的标示、广告等构成公司独特市场形象的无形资产。目前，理论界对于品牌的定义有多种，现列举如下。

品牌是指组织及其提供的产品或服务的有形和无形的综合表现，其目的是借以辨认组织产品或服务，并使之同竞争对手的产品或服务相区别。

品牌是用来识别一种 (一系列) 产品或服务的名称、术语、

莫奈尔化学感官中心标志

标记、符号或图案，或是他们的相互组合，使之与竞争对手的产品或服务相区别（市场营销专家菲利普·科特勒博士）。

"品牌"是企业或品牌主体（包括城市、个人等）一切无形资产总和的全息浓缩，而"这一浓缩"是用特定符号来识别，它是主体与客体、主体与社会、企业与消费者相互作用的产物。

二、品牌的存在价值

信任与保障功能

提升信任度是购买意向的决定因素之一，品牌使企业与消费者之间拥有无形的契约，品牌信任体现一种可靠性。品牌主要通过识别性高、承担责任、严格约束自己来实现品牌竞争力，从而创造品牌声誉。品牌被赋予信任与保障功能，从外在形象塑造，到内在的产品质量方面，都尽可能地表现出对消费者负责的态度，这同时也是企业与消费者之间双方达成的默认协议，坚定地维护品牌值得信赖的形象，绝不让消费者的利益受损，品牌的声誉会带来更多消费者对该品牌偏好的倾向。因此，品牌作为一种承诺，建立在不会采取任何投机行为和侵占消费者权益的行为之上。

彰显品质与个性

品牌个性的塑造，主要是站在消费者的角度，将品牌视作一个生命、一个朋友或一个偶像，甚至还会将品牌形象映射自我形象上。一个品牌的个性与消费者本身的个性或消费者的期望个性越吻合，消费者就越容易与此品牌产生默契，当消费者对某一品牌做出选择时，也代表着对于生活方式、态度、品质等诸多复杂因素的综合性选择。品牌个性同时也影响着消费者对自我个性的判断，反之，消费者的态度同样也会影响到品牌形象的发展，这种社会期望反应对品牌个性的形成与改革起到调节作用，消费者自身的文化修养水平等因素，也会对品牌个性的倾向性产生影响。此外，品牌形象大使、代言人、吉祥物等也是最直接的用来凸显品牌个性的途径之一。

激发热爱与情怀

赋予品牌深刻的情感烙印，令品牌拥有灵魂和信仰般的存在。消费者反复选择同一产品或服务，集合期许、记忆、故事和关系等要素的影响。品牌亦与归属感有关，是一个团体性质的选择行为。品牌通过自身形象塑造和提升曝光度等方式推广经营，人们也会从多方面和多角度来认识和了解品牌，人为赋予品牌一些信息，使品牌形象更为立体，散发出独特的魅力，不但能够拉近品牌和消费者的距离，更帮助消费者形成对产品的认知，提升品牌辨识度，在消费者心理的地位不断攀升。对于自己钟爱的品牌，消费者愿意成为他们的粉丝，例如苹果品牌的追随者称为"果粉"，品牌在营销过程中也经常通过转变推广路径和调整品牌定位，使品牌在消费者心目中的形象更有分量。

三、品牌的构成要素

品牌的构成要素包括品牌形式和品牌内涵两大部分。品牌形式，包括以下几个方面：

品牌名称，品牌的名称是有着独特含义的语言，包括词语、字母及其组合。

品牌说明，品牌说明指对品牌内容的提示性词语，可以增强人们对品牌的认知、印象和记忆，是品牌重要的辅助形式。

品牌标志（logo），品牌标志是指品牌独特的书写形式、图案和标志物。

品牌的形象设计（design），品牌的形象设计是指品牌的外观、品牌的包装、品牌的广告、品牌代言人等形象。

品牌形式的组合（combination），品牌形式的组合是指以品牌名称为主的以上各种形式之间的组合。

品牌内涵，包括以下几个方面：
品牌属性（attribute），品牌产品在性能、质量、技术、定价等方面的独特之处。

品牌利益（benefit），品牌产品给用户带来的好处和用户在使用中获得需要的满足。

触手可听 logo 设计

A+ARTSTORE
BOOKROOM
A+艺术商店·书店

A+ 艺术商店 logo 设计

中国银行的 logo 及组合

品牌价值(value),品牌生产者所追求和所评估的产品价值。

品牌文化(culture),品牌背景中的精神层面,它常常代表国家文化或民族文化。

品牌个性(personality),品牌形象人格化后所具有的个性。

品牌使用者(user),品牌所指向的用户种类或目标市场细分。

品牌形象设计(brand design)是指基于正确品牌定义下的符号沟通,它包括品牌解读及定义、品牌符号化、品牌符号的导入和品牌符号沟通系统的管理及适应调整四个过程,它的任务就是通过美善的符号沟通帮助受众储存和提取品牌印记。品牌形象设计的原则是根据消费者的感觉以及企业自身的审美和追求而进行的。

四、品牌形象的设计功能与意义

品牌内涵的理解

把品牌用作标志区分,它具有识别功能。即一方面把品牌命名、设计、包装等作为形成品牌形象个性要素来考虑;另一方面,品牌名称、标志又可以受到法律的保护,即品牌经过法律程序。

把品牌作为沟通代码,品牌具有信息浓缩功能。它把一个符号、一个单词、一个客体、一个概念同时集于一身,把各种象征符号如标识、色彩、包装和设计合并到一起,它包含了多种信息的浓缩。

把品牌看作是承诺和保证,它具有安全功能。品牌的最终目的是通过提供利益优势谋求与消费者建立长久、强劲的关系,博得他们长期的偏好与忠诚。

品牌具有无形的资产价值。其所代表的意义、品质和特征能够产生品牌价值,能提供给顾客比一般产品更多的价值或利益。其功能包括:提高企业的形象和知名度、展现企业的个性、传达统一的信息、激励员工奋发向上的精神、加速开发国际市场。

消费者购买商品的心理活动,一般总是从商品的认识过程开始的,而激烈竞争的市场上,品牌成为

人们选择商品的重要依据，品牌也是人们地位、实力的象征。

由此，品牌形象设计的意义就越来越大。品牌形象设计主要包括品牌的名称、标识物和标识语的设计，它们是该品牌区别于其他品牌的重要标志。品牌名称通常为文字、符号、图案三个因素组合构成，涵盖了品牌所有的特征，具有良好的宣传、沟通和交流的作用。标识物能够帮助人们认知并联想，使消费者产生积极的感受、喜爱和偏好。标识语的使用一是为产品提供联想，二是能强化名称和标识物。企业为使消费者在众多商品中选择自己的产品，就要利用品牌名称和品牌设计的视觉现象引起消费者的注意和兴趣。这样，品牌的真正意义才显现出来，才会日渐走进消费者的心中。因为人们对品牌的偏好大部分是从视觉中获得的，所以树立良好的品牌视觉形象是十分必要的，也是确定在消费者心中地位的有效途径。

蒂芙尼品牌标志性蓝色

品牌视觉的统一与稳定

品牌视觉形象必须是统一的，而且还要求稳定，不能随意变动，这是品牌吸引消费者的重要条件之一，主要表现在以下四方面：

一是文字的统一。要求品牌设计确定后文字是统一的，几十年甚至几百年都不变。

二是要求品牌设计图形是统一的，不能常常更换图形，这样才有长久的品牌魅力。

三是颜色的统一，品牌设计要求颜色是统一的，既要有象征性，又要有品牌特征和生命力。

四是纯文字、图形、颜色的有机结合使品牌更加耀眼，具有立体的视觉效果。

品牌定位的要求

品牌定位反映了品牌的个性特征，没有个性的人容易被人忽视，没有个性的品牌同样被人们遗忘。品牌之所以成为名牌商品是因为其所营造的品牌个性影响着消费者。凡是成功的品牌都有准确的定位，如海尔品牌的高质高价定位。由于不同消费者群体有不同的消费心理和特征，同时，社会文化习俗和消费习惯也会对消费者产生影响。因此在品牌设计时，首先要对品牌进行定位，为其寻找到一个有利的位置，然后符合运用品牌所有的营销要素去占据和适应这个位置与市场的变化。

品牌的创新与文化

品牌创新是品牌的生命力和价值所在，是获得品牌心理效应的重要举措，品牌创新包括重创品牌和品牌更新。伴随着时代的不断变革，市场需求也在不断地转变，品牌如果不及时更新，就会失去竞争力。同时，还要建立研发团队，时刻关注行业最新技术，将最新的技术转化为企业竞争力的力量。我们还需要有一支足够优秀的团队。这支团队必须对品牌文化、市场趋势和消费者行为等有相当深的理解，并且要在团队合作中，不断激发出新的思想火花。一方面，任何产品都必须创立自己的品牌，使其成为名品，产品有其品牌特征和特色才能吸引消费者；另一方面，已经创立的品牌也有更新再创造的问题。同时，品牌文化也是一个不可忽视的问题，一个品牌文化传播和取向是企业品牌塑造的重心所在。

品牌中的文化传统部分，是唤起人们心理认同的最重要的因素，有时甚至作为一种象征，深入消费者心中。来自品牌的竞争能力，实质体现在品牌与文化传统的融合能力。一是品牌与文化传统的价值，如真、善、美的融合；二是品牌消费者的心理价值取向的融合，如海尔的无菌、保鲜，新飞的绿色概念都产生了积极的心理效应。

第二节 品牌形象设计的发展趋势

一、品牌的雏形

品牌形象设计并不是现代人的专利，其实很早在中国就有雏形。比如说商业最为发达的宋朝。

北宋山东济南"刘家功夫针铺"的"白兔儿"铜版，是中国最早的品牌。根据推算，这个品牌应该诞生于公元1127年，即北宋末年，是迄今为止世界上最早的印刷广告实物。铜版正中有店铺标记"白兔捣药图"，而且还有标注："认门前白兔儿为记。"小小一块铜版，不仅清楚地说明了店铺的名称，同时还注明店铺的经营范围。图片形象生动，文字简洁明了。铜版下方有广告词："收买上等钢条，造功夫细针。不误宅院使用，转卖兴贩，别有加饶，谓记白。"北宋时，济南"刘家功夫针铺"的广告铜板，在形式和内容上，都是相当完备的广告佳作。同时，它也证明了北宋铜版雕刻印刷术的发展。

除了北宋的广告品牌外，北宋还有一种广告形式非常出名，那就是灯箱广告。灯箱广告在现代社会不过是寻常事物，但许多人不知道宋朝已经有灯箱广告的形式。在《清明上河图》中，有三块立体招牌，分别写着"孙羊""正店""香醪"字样，这三块立体招牌就是灯箱广告。由于这种广告牌应用了照明技术——内置蜡烛，夜间明亮照人，特别引人注目。现在日本和韩国的一些地方，还保留着这种古老的广告形式，很有风味。

二、形成与演变

"白兔儿"铜版

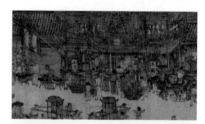

《清明上河图》的灯箱广告

萌芽阶段（1907-1945）

1914 年，德国著名设计师彼得·贝伦斯（Peter Behrens）受委托为 AEG 公司（德国通用电器－无线电器公司）设计了电器标志。AEG 公司的旧标志已经有十多年的历史了，花哨的字体与新的电器产品的形象不吻合，因此公司希望能够有新的、与公司产品形象一致的标志。Peter Behrens 研究了公司的产品，明确了公司形象，对工业化的强调成为他设计的中心。通过多次反复的设计，他终于设计出非常简单、明了的标志。在设计这个标志的时候，Peter Behrens 第一次考虑到品牌标志的广泛运用性：必须能够小到公司职员的名片、公司文具和文件上，也能够大到用在工厂的机械、出产的产品和公司的建筑上，做到大而不疏、小而不挤的目的，并且无论正负形，基本形象都不会变化太大。由于 AEG 是一个实行集中管理的大公司，这使得 Peter Behrens 能对整个公司的设计发挥巨大作用。Peter Behrens 全面负责了公司的建筑设计、视觉传达设计以及产品设计，将 AEG 的标志印在信纸、信封等办公用品上，并将其运用到该公司工业设计的所有环节，这个设计成为全世界第一个完整的现代企业形象设计。

彼得·贝伦斯

发展阶段（1947-1955）

第二次世界大战前，在英国工业设计协会会长 Frank Pick 的领导下，英国进行了伦敦地下铁系统的设计规划，共计完成了地铁所有应用事物的字体标准化设计、地铁海报设计、地铁本部的系列项目设计、纪念碑设计等，这一套周密、系统、完整的设计规划成为品牌形象设计的最初萌芽。为伦敦地铁进行字体标准化设计的是被誉为 20 世纪字体复兴之父的英国平面设计家爱德华·琼斯顿（Edward Johnston）。1916 年，这种被称为"铁路体"（Railway Type）的无装饰线体被正式作为标准字体运用到伦敦地铁系统上，同时修改了当时伦敦地铁的小圆盘标志，使其成为类似今天的样子。Edward Johnston 的设计至今仍在伦敦

德国电气公司（AEG）

地铁使用。英国也因此成为世界上第一个正式在公共场所运用无装饰线体的国家。另外，设计伦敦地铁交通图的是伦敦交通委员会的工程师。1933 年 Henry Beck 突破了距离和空间位置的局限。他通过反复推敲，利用鲜明的色彩标明地下铁线路，并用 Johnston 的"铁路体"标明站名，用圆圈标明线路交叉地点。在这张图中，最复杂的线路交错部分放在图的中心，完全不管具体的线路长短比例，只重视线路的走向、交叉和线路的不同区分，使乘客一目了然。他的设计工作实现了视觉传达的目标，不同线路以色彩区分，颜色搭配和谐、简洁，非常实用，一切以更易懂、更美观为原则，具有非常强的视觉传达功能性。

战前较系统地建立起品牌形象的大公司之一是意大利事务机器公司奥里维蒂 (Olivetti)。它在公司品牌形象建立方面的作用对于战后企业品牌形象设计的发展起了很大的推动作用。1947 年，意大利正挣扎着从战争带来的毁灭性灾难中重新建立自己的经济，奥里维蒂公司这家全国最大型的企业之一肩负了恢复国民经济的责任。为了提高企业在国际市场上的竞争力，使企业本身能够在尽量短的时期内发展起来，奥里维蒂公司一方面全力以赴开发和设计新一代的办公机械，提高产品的质量和性能，同时也努力在世界范围树立自己的企业形象，目的是建立一个国际型的、大型企业的积极形象，以争取在国际市场上站稳，成为国际大型办公设备和机械公司。1947 年。奥里维蒂公司采用没有大写字母的无装饰线体组成的企业名词作为企业标志，标志准确而又鲜明，而无装饰线体则提供了非常现代的内涵。这个字体组成的简单白色的企业标志.广泛地应用在几乎与奥里维蒂公司有关的所有方面：名片、文具纸张、企业报告，产品上的企业标志、工厂内的机械设备、运输车辆、展览看板，等等。虽然只是简单的、白色的一行企业名称字母，但是由于反复重复出现，成为自 1907 年 Peter Behrens 为德国电器公司设计企业视觉形象以来，西欧国

爱德华·琼斯顿

伦敦地铁线路图

奥里维蒂

家设计出的最完整和最具有视觉效果的杰出企业视觉系统，在品牌的视觉设计上具有划时代的重要意义。

到 20 世纪 50 年代和 60 年代，奥里维蒂公司强调自己高科技的企业特色，因此设计的各种宣传品都利用到了键盘、数码、方格网络等基本手法，凸显现代化的特点。但是，无论如何复杂的细节，这些平面设计的总体依然保持了简单、规范、整体的原则，实现整体完整和细节复杂的统一，活泼性和严肃性的综合，奥里维蒂公司希望在顾客心目中树立简单、明快、现代的品牌特色，同时在技术上体现高水平的、复杂的形象。因此把机械化过程、复杂的电子技术的视觉特点以非常简单、易懂、明确、整体的方式表达出来。在这样一个设计前提的指导下，奥里维蒂公司的品牌形象就树立得非常坚实，企业界和消费者都表示对这个企业的形象系统很有好感。

奥里维蒂公司的产品销售在欧洲和世界其他地方能够成为畅销品，与这个视觉系统的成功设计是分不开的。奥里维蒂公司品牌形象的成功设计，为欧洲其他国家大型企业提供了样本，这个完善的视觉系统，不但在欧洲引起企业界和消费者的注意和喜爱，也引起了美国在企业形象上的竞争，促进了美国企业在品牌形象设计上的高潮。

成熟阶段（1950-1970）

第二次世界大战后，各国经济开始复兴和重建，促使各种企业品牌如雨后春笋般涌现。一方面，大量产品被不断地开发出来，使得各品牌中不同类型的产品和功能相似的产品潮水般地涌入市场，特定范围内的产品越来越相似，每家企业的产品与竞争对手并无多大差别；另一方面，各种企业自身急速成长、发展，出现许许多多的跨国公司，原有的品牌战略已无法适应突飞猛进的产品发展的需要，在这

奥里维蒂无衬线字体

IBM 公司于 1956 年确定基本形

IBM 公司 1978 年，条纹式的设计，8 根或 13 根

种情况下突出整个企业形象而不是单个产品就显得尤为重要。因此，美国的一些大型企业的经营战略，开始将品牌的视觉形象设计视为崭新而又具体的经营要素，并使其成为企业信息传播的有力武器，成为企业发展的一种无形资产。而率先导入企业品牌视觉设计且被视为经典的案例是著名的美国国际商用机器公司（International Business Machines Corporation）的品牌视觉设计。IBM公司在20世纪50年代初虽已颇具规模，但它并没有完整的设计政策，所以在设计上表现得非常混乱，无法与其他公司在国际市场上竞争。

IBM公司总经理Thomas Watson Jr参观了Olivetti公司在纽约的展厅后，深有感触，他认为"凡人都有人格，这人格是由这个人的教养、思想、趣味、嗜好、信仰组成的，由此决定他的行为规范以及与这个人相适应的穿着和用品，这就是个性识别(personal identity)，公司与人是一样的道理。"1955年，在Thomas Watson Jr的支持下，由著名设计师E.Noyes统筹策划，吸取Olivetti公司的成功经验，制定了IBM公司的品牌形象识别计划。他认为，公司应该在世界市场竞争中，有意识地在顾客心目中留下一个具有视觉冲击力的品牌视觉标志，这样通过品牌形象能体现公司的服务精神、创新精神和独特个性。"应通过一切设计来传达公司的优点和特色，并使公司的设计应用统一化。"Thomas Watson Jr特聘当时美国最著名的平面设计师Paul Rand与E.Noyes合作，为IBM重新设计了品牌名称和标志。把既长又难于记忆的公司全称缩写为"IBM"，并将其设计成八条纹的具有个性的标准字体，选用象征高科技的蓝色作为公司的标准色。

接着E.Noyes被聘为设计部主任，着手对IBM公司的品牌形象进行全面改造和统一管理。E.Noyes首先推行了产品外形的标准化、系列化。IBM是国际性的公司，若无统一的设

IBM公司

IBM公司品牌形象设计

IBM公司品牌形象设计

计管理，它将不会有一个完整的国际形象，在装配、生产、宣传各环节中都会有许多麻烦。在他的主持下，公司抛弃了那种每年改型的商业性竞争的设计战略，强调设计的一致性和连续性。公司的打字机、计算机等产品的外形全部统一，形成了IBM风格。这种风格突出了尖锐的棱角和以立方体为基础的几何形，外观整齐划一。在色彩上则采用简洁的冷色。通过这些设计因素体现冷静、秩序和效率，获得了有个性的造型特征，使IBM成为"前卫、科技、智慧"的代名词。公司在各地的建筑也与整个IBM风格统一起来。通过这些努力，使IBM在国际市场上树立了鲜明的形象，成为享誉全球的超级品牌，在许多方面超过了曾一度领先的Olivetti公司。"IBM不是竞争，而是创造环境。"这就是IBM的设计原则。IBM公司的成功，使E.Noyes整体品牌视觉设计的概念初步形成。

IBM的成功促进了品牌形象设计的进一步普及，许多公司纷纷效仿，初期导入企业品牌视觉设计的公司有：美孚石油公司、壳牌石油公司、西屋电气公司等。罗维为荷兰壳牌石油公司设计了标志、员工制服和系列化的加油站。德国的乌尔姆造型学院也将系统设计理论应用到了公司识别上，这些识别计划包括从公司标志、名片到字体的形式、颜色、大小和间距等各个方面，因而十分完整，向外界全方位地体现了品牌的视觉特征。

乌尔姆造型学院为汉莎航空公司所作的品牌视觉设计就是一个有名的例子。设计的中心是要以高度标准化、系统化、理性化的方法，设计出统一的企业形象来。乌尔姆造型学院的方格模式在这个设计项目中广泛运用，成为图形、字体和平面编排的基础。他们采用了汉莎航空公司自从20世纪30年代就开始使用的以一只飞鹤为主题的企业标志，把这只鹤的图形环绕到一个圆圈中，增加了规范感和统一感。与此同时，突出了新设计的无装饰线字体结合标志，

美孚石油公司

壳牌石油公司

西屋电器公司

并且改变了原来以环绕鹤的圆形为中心的企业品牌形象，突出字体形象，而以圆形来陪衬字体形象。汉莎航空的德文"Lufthansa"标志的每一个字母都与圆圈环绕的鹤一样高，因此，图形成为字体形象的一个有机组成部分。整个企业的品牌视觉设计都围绕着方格网进行，形成高度规范和理性化的视觉形象。这种设计方法，使汉莎航空公司的企业形象在飞机机体上、机场上和公司各方面更加鲜明和强烈。而这种以字体为主，以图形为辅的设计方法非常成功，它使这家国际性的大公司有了一个明确的形象，以后更加成为世界大多数航空公司设计企业视觉形象系统时的参考和规范。

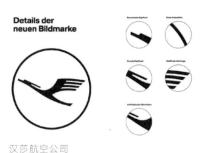

汉莎航空公司

汉莎航空公司视觉系统的色彩计划是以黄色和普鲁士蓝色为中心的，与企业标志中的图形和字体配合，非常密切。汉莎航空公司在视觉形象的运用上非常注重统一性和完整性，从飞机机体到机上供餐的包装，无一遗漏地严格规范企业视觉形象，使这个系统始终以完整统一的方式体现出来。色彩计划更加具体到全部公司工作人员的制服、广告、文具、纺织品、室内装饰品、海报、公司建筑的外墙装饰、各种促销的展览等等，凡是与公司有关的内容，都要求准确地使用他们设计的标准企业形象系统和色彩计划系统，突出公司的形象，这种系统化的品牌视觉设计，奠定了现代航空公司企业视觉设计的基础。

汉莎航空公司品牌形象设计

三、亚洲的品牌形象设计发展

日本最早引入企业形象设计，大约是在 20 世纪 70 年代前后。1975 年，日本东洋工业株式会社生产马自达（Mazda）汽车，为了把这种原来默默无闻的小汽车打入国际市场，全力以赴地开始从事企业形象系统设计，并取得了巨大成功。为应用于出口车辆使用，马自达在 1954 年开发了一种

马自达 logo 的演变

刻印版本标记。此时在日本国内市场，马自达正在开发第一款乘用车 R360，为此，马自达设计了一个新标志，中间为"M"字样，两边拉长，与外边圆框相连。将这个图案嵌入到一个带弧度的三角形中，便形成了马自达粉丝熟悉的转子发动机标志。在 20 世纪 70 年代中期，马自达重新使用 MAZDA 字母的名字标志，并一直使用到 1997 年，成为马自达最著名的标志。1991 年，马自达开始使用更具象征意义的标志，形象就像翅膀和太阳一样，1992 年，周围做成了圆形。

其他大型日本企业随即跟上，有大荣百货（Daiei）、伊势丹百货（Isetan）、松屋百货（Matsuya）、麒麟啤酒（Kirin）、建伍（Kenwood）等。

韩国 LG：笑脸面对未来—从 GoLdstar 到 LG 的形象更新。LG 电子的标志是一张微笑的脸，在一个实体的圆形里面，反白的 L 字母构成人的鼻子，反白的 G 以 3/4 的圆构成脸的轮廓，而最重要的创意在于附加了一个小圆点，中国人所谓画龙点睛的话用在这里是最适当不过的了，这个小圆点便是微笑的脸上的眼睛，非常巧妙的点、线、面的构成，已经超越了单纯的视觉美学设计，这张微笑的脸无疑让"LG 与您更接近"。LG 集团标识 G 的图形部分有两层含义，圆圈代表地球。抽象化笑脸代表友善及平易近人。整体而言，LG 标志代表世界、未来、活力、人性及科技。笑脸中单眼的设计代表了 LG 目标明确、专注、自信。标志右上方刻意留白不对称，代表 LG 的创意及面对改变的应变能力。主题的 LG 红象征友善，同时突显 LG 追求完美的承诺。LG 灰则代表科技与可靠。

韩国大宇集团旗下的 GoLdstar 自 1994 年起便从母体公司独立出来，新公司的名称为 LG，从事能源、化工、机械、电子等行业。中文名称为乐喜金星，简称为乐金公司，这

马自达 logo

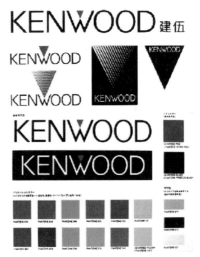

建伍品牌 logo

韩国 LG 品牌 logo

真是一个意味深远的名字，从 GoLdstar 到 LG，从金星到乐金，绝妙的创意不是来自巧合，而是来自用心良苦的追求。LG 电子果断地将 GoLdstar 改变为 LG，从八个字母缩减为两个字母，大大增强了企业国际化经营在形象传播上的优势。1995 年，LG 公司的全球营业额达到 35 亿美元。LG 电子，快乐的金星，微笑的脸面对未来，整个形象充分体现了以下三层涵义：首先是忠诚于顾客、以顾客满意为生产和服务出发点的宗旨，以此创造企业的亲切感和吸引力；其次，这张微笑的脸倡导的更是一种健康、积极、乐观、进取的生活态度；最后，这张微笑的脸也是企业对未来社会美好文明与生活的憧憬与期许。

韩国 LG 的旧、新 logo 设计

中国大陆经典品牌形象设计范例是太阳神。广东太阳神集团公司原是一家默默无闻的乡镇企业，原名为广东东莞黄岗保健饮料厂，其产品市场销售平平，1988 年该企业的总产值为 520 万元，然而到 1990 年年产值增至 4000 多万元，1991 年达到 8 亿元，1992 年竟达到 12 亿元，四年间翻了两百倍。太阳神经营的奇迹后面，是怎样一只魔术之手将其托起的呢？这不得不归功于太阳神 1988 年所采取的一个大动作，即委托广东两位设计师设计标志，由广州新境界设计群负责总体策划，设计并导入 CI。太阳神经 CI 工程改造后，以红色圆形和黑色三角为基本定位的崭新形象出现在市场上，面目焕然一新，给人留下深刻的印象，迅速取得了消费者的认同，成功地开启了市场大门。

太阳神品牌形象的 logo 设计

港台品牌形象设计范例是味全。台湾食品业最大的企业味全公司，1968 年因业务扩大，新产品不断开发，并开始朝国际市场大量销售，原来的双凤标志的视觉形象已无法显示味全公司的经营内容与发展，于是聘请来台演讲的日本设计名家大智浩为设计顾问，进行周详的市场调查与产品分析，开发味全企业识别计划，最后提出象征五味俱全、W 字造形的五圆标志，发展系列性传达样式，统一所有部门、产品的视觉形象。

味全品牌形象的 logo 设计

第三节 品牌形象设计的分类

一、标志设计

比喻图形标志

比喻或现成标志都是针对图形标志来说的，比喻的标志描绘一个客体，而非比喻标志只是自身的一个图形。比喻的标志又可分为描述性标志和隐喻性标志。描述性的比喻，比如一个代表鱼餐馆的标志鱼的标志就是一个图像。隐喻的标志通过某种性质上的共通来表现其客体，比如单独的一张蜂巢的图像除了蜂窝外可能表示不了其他什么内容，但其如果与一家储蓄银行联系起来，蜂巢就可能成为理智地储蓄的隐喻。

现成图形标志

现成标志直接代表其客体。现成标志使用一些大家熟悉的内容，但这些内容与其代表的公司或产品无关。许多今天认为是现成符号的标志都曾经是有动机的符号，对其内容也存在着某种解释。但当几乎没有人记得这个解释的时候，这个商标就成为硬性规定的符号，一个象征，一个约定俗成的概念。

文字表述标志

商标基本上是一种视觉现象，但文字标志同时具有语言形式，包括语音形式。事实上，分类中考虑的仅仅是其语言形式。文字商标的视觉形式不值得多说。几乎所有的文字标志都有一个确定的视觉形式。一个特定的字体可能代表一个特定的行业或与公司或与产品相关。如果这种联系仅仅是出于习惯，那么这个字体就是一种硬性规定的符号。文字标志与纯图形标志相比有一个很大的优势：观看者说出的就是他们看到的，并且看到的也就是他们应该说出的。

比喻图形 logo 设计

现成图形 logo 设计

描述性的名称

描述性的名称是对公司或产品性质的描述。名称可能是单调的，但对于新客户是有帮助的。报纸报头和杂志的刊名通常属于这一类。

首字母（字）简称

多数的简称是由首字母或首字组成的。它们也是缩略式与缩约式组合的结果。IBM 和 GM 之类的大公司不是因为使用了首字母简称才扩张起来的。正因为公司大，它们才有能力和资格使用简称。首字母简称可分为首字母缩略词和非首字母缩略词的首字母简称。值得一提的是，汉语名称的简称并不一定都是每一个词的字首的组合，要根据习惯来定，如中国工商银行一般简称为"工行"而不是"中工银"。关于标志的设计，我们可以根据需要设计的内容进行多方位的思考与尝试，各种类别都可以尝试，大胆创新，一个好的标志可以带动整个品牌。

二、字体设计

字体设计与品牌的个性密切相关，是品牌差异化战略的重要环节，它的设计要同品牌内涵相一致，与品牌风格相吻合，已达到和同类品牌差异化构成，形成完整的企业视觉形象。在现今品牌林立的商品社会中，很难想象如果没有统一有规划的字体系统，将是怎样混乱的视觉体系。

标准字体是品牌形象设计系统中基本要素之一，是指经过设计的用于企业日常使用的规范字体，用以体现品牌特性和企业精神。它的应用广泛，具有简洁易于识别的特性，有效地补充了品牌标志的字体设计，用以强化品牌诉求力和企业视觉形象。经过精心设计的品牌标准字体与我们电脑字库中的普通字体差别在于，除了在做工造型上更加考

描述性 logo 设计

首字母（字）logo 设计

字体设计

究细致以外，更重要的是，它是依据品牌和企业的内涵而设计的，对字体的色彩、造型、有无衬线、圆角的比例、大小字符的距离，都作了细致严谨的测算和设计，与字库中的常规字体相比更美观，更切合品牌内涵。在品牌视觉推广的维度中，现今许多品牌标志的名称趋于雷同化，在意识到标志字体设计差异化的同时也应该多多发展品牌标准字体的设计，以识别性强、结构和谐、笔划均匀为前提，同时还应注意字体与标志字体的统一、文本内容的适用等情况。

应用字体是品牌形象设计中的另一个要素，品牌在推广过程中，企业和品牌的文字信息需要适应各种宣传媒介和一些特定场合，并且要搭配品牌的一些其他视觉要素，如标识、辅助形、吉祥物等，以达成一套完整的品牌视觉形象系统，并通过对视觉传播的级别进行合理划分，文字编排的组合设计，以达到在特定环境中品牌视觉推广的目的。

三、品牌色彩

随着品牌之间竞争的加剧，大多数产品，甚至品牌之间都呈现出同质化的问题。要使产品在市场中得以突围，就需要注重品牌的塑造，而在品牌设计层面，色彩有着不可小觑的效用。原因在于，人的视觉器官对于色彩的敏锐度显著高于图形与文字，有鉴于此，设计人员在进行品牌设计的过程之中，应当着重思考如何实现对色彩的塑造，如此方才能够让消费者对品牌产生深刻的感官印象。

首先，色彩在品牌设计中具有很高的价值，其中包括经济价值和美学价值。当消费者在浏览和选购产品的过程之中，映入其眼中的产品的外观色彩，将形成其对产品的第一印象，甚至可以说，色彩无形之中成为产品同消费者二者之

普利司通字体设计

格力空调字体设计

品牌色彩

间的无声沟通工具。色彩在丰富了产品的品牌内涵的同时，亦能够彰显出产品的美学价值，这是因为，色彩不但让主体获得了优质的视觉享受，同时亦能够让主体从中实现精神层面的满足。当消费者精神层面得到满足之后，其便会做出购买产品的行为，这样便达成了对经济价值的创造。因此，在进行品牌设计时，对色彩要有一定的应用策略。一方面要整体把握色彩的运用，同时，设计人员应当洞悉每一种色彩所代表的情感内涵，并在此基础之上加以精巧运用，如此将让品牌形象更为突出。

每一种色彩都有着独特的内涵，设计人员在着手进行品牌设计之前，必须对不同的色彩所代表的不同情感加以精心的分析。第一，色彩拥有着动静之分，设计人员在着手实施产品品牌设计时，应当结合设计的主题来甄别产品的整体色彩是静还是动。第二，每一种色彩都拥有独特的饱和度与透明度，为此，设计人员必须思考产品的每一个部位的着色原则。第三，每一个色彩在量感与特质方面表现各不相同，设计人员在表现轻快的品牌主题时，应当考虑运用较为明快的色彩，在表现较为尊贵的主题时，设计人员应当运用较为华丽的色彩，唯有这样，方才可以更好地实现对产品品牌内涵的凸显。另外，需要针对产品性能设计相应的色彩。功能性原则即指设计人员所遴选和运用的色彩应当实现对产品性能、属性的精准展示。诸如手表通常使用黄色主色调，原因便是此种色彩能够凸显出手表的奢华与金属质感，卫生纸品牌通常会借助树木原色来实现对原生态材质的呈现。可以说，产品的色彩如果能够同消费者的心理预期相吻合，则将让产品的性能得到最大程度的凸显，这亦能够达成广告营销推广的效用。

举例而言，农夫山泉品牌上使用的碧水青山、中国联通使用的红色中国结，均达到了色彩传递品牌的效用。除此以外还要注重色彩设计的审美表达，在借助合理的色彩表达

```
C:60
M:0
Y:0
K:0

C:100
M:35
Y:0
K:10
```

CMYK   C100 M70 Y0 K0

CMYK   C0 M80 Y100 K0

品牌色彩

的同时，必须确保色彩的遴选与运用同审美规范相符合，此乃对品牌形象设计的较高要求。

标志

天然水产品的二级元素

农夫山泉品牌色彩

此种"美"表现为形象性、情感性以及具体性。这就好比一朵鲜花，之所以将之称为美，原因不外乎花朵的外表、香气给予观赏者足够的视觉冲击。花朵无法说话，因为其同观赏者的交流完全是通过其颜色、线条、弧度等要素去实现的。设计人员应当在进行产品品牌设计时充分借鉴这一点，唯有"美"的事物方才能够带给人美的享受，让人从中获得美的体验。设计师还要从消费者需求与感受入手设计色彩，在市场不断发展与成熟的过程之中，推动品牌的形成。在市场竞争的过程之中，各个品牌为了更好地应对挑战，必然结合市场的变动情况对自身的品牌加以修正和调适。

第四节 数字媒体的概念

一、数字媒体的定义

数字媒体是指以二进制数的形式记录、处理、传播、获取过程的信息载体。这里所谓的"信息载体"指的是数字化的文字、图形、声音、影像和动画的虚拟感觉媒体以及用于存储、传输和显示的实物媒体。

数字媒体技术作为新视觉传播形态产生的基础，对于社会发展具有重要的推动作用，近些年来，视觉媒介及视觉行为的发展越来越快，大众对于事物分析、认知的方式出现了较为明显的改变，而且新媒体技术使得视觉语汇的种类和数量越来越多，并且使得视觉形式有了新的审美特征，影响了大众的观看和感受。在这种背景下，视觉艺术的生产和消费活动，利用视觉媒介构成视觉传播体系，形成了一个有机互动的整体。

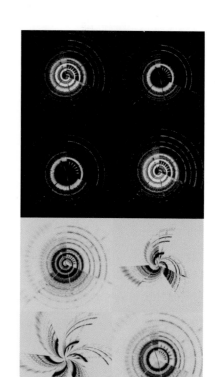

音频信息生产数字 NFT 作品

当前，数字化背景下创造了视觉信息为标示的思维方式。数字媒体语境下的视觉艺术创新，涉及传统视觉媒介的再媒介化，新媒体艺术的创造性重构、视觉媒介的跨媒体与个性化，同时还涉及新视觉媒介的物化。除此之外，它还表现在艺术可持续发展的深层建构之中。数字媒体艺术不单指某一传统艺术种类，而是指基于计算机数字平台创作出来的多种媒体艺术样式。它采用统一的数字工具、技术语言，灵活运用各种数字传播载体，无限复制，广泛传播，成为数字技术、艺术表现和大众传播特性高度融合的新兴艺术领域。

数字媒体艺术包括数字电影艺术、数字电视艺术、数字动

数字生成山水作品

画艺术、数字游戏艺术、数字图像艺术、数字装置艺术、网络艺术、多媒体艺术、数字设计艺术、数字音乐艺术等诸多艺术形式。对于该如何称呼这种艺术，我们虽然还在"数码艺术""新媒体艺术""数字艺术"中不断探讨，但可以肯定的是，它是基于计算机数字平台的艺术，它以计算机和互联网技术为支撑，提升了艺术的表现力，给艺术创作带来了无限可能。数字媒体艺术具有交互性、融合性、全民性的特点。随着这一技术的不断推广，目前已经应用到节庆活动、展厅展馆、商业宣传、公共空间氛围提升等多个领域。从其发展要素来看，数字媒体艺术需具备以下要素。

一是提升创造性，目的是给用户带来更多的新鲜感，从而通过提升用户体验，以此来提升设计的宣传效果，达到预期的目的；二是创造的差异性，在市场竞争日益激烈且同质化严重的环境下，即使在创造方面投入了很多的心血和精力，一旦无法突出创造的差异性，就很难和其他同类作品区分开来，更无法使早已视觉疲劳的受众记住作品；三是突出体验性，这是由新环境下用户的主体地位决定的，因此很多设计者非常重视提供多种可选功能供用户自主选择和搭配，从而提升用户体验；四是强调沟通性，即通过反馈机制了解用户对作品的评价并及时作出改进；五是实现关联性，即通过对用户提供的其他信息的分析，针对性地提供内容或服务。

数字生成交互作品

二、数字媒体的特点

传播者非单一性、传播效果智能化

当代的互联网已不单单专属于 IT 行业工作者。无论是何类型行业，无论是何种工作，依靠各类多元化媒介，都可以突破时间和空间的限制，获取满足自身需求的资源。数字媒体艺术究其本质而言，是属于大众文化的。

数字媒体

数字媒体艺术处在这个电子化、信息化的时代，其传播最大程度地普及每个家庭和社会的各个角落，电视机、电脑、网络等无处不在，它的发展必然依赖大众的审美趣味。通过大数据的分析，各网络媒介平台会自动推送用户喜爱的节目类型。而这也标志着数字媒体逐步向着人性化的方向发展。而数字媒体艺术的生产者也是依靠普及的数字媒体工具制作大批量的视觉文化产品，满足大众的审美需要和娱乐需求，艺术大众化已经成为事实。

传播内容海量化、交互化

互联网的普及推广，打破了以实物载体为信息传播渠道的既定格局，微博、微信等主流媒介平台的出现，不仅丰富了信息传播样态，也极大地扩充了传播内容的信息量。数字媒体艺术是完全数字化的艺术，因此数字艺术作品可以通过网络传播。网络作为继报纸、广播、电视之后的"第四媒体""互动"和"共享"是其显著的特征。

通过网络，过去的美术馆、博物馆、图书馆不再遥不可及，网上的美术馆、博物馆、图书馆一样收藏丰富，琳琅满目；过去只能在美术馆、博物馆、图书馆里欣赏的文学艺术作品，不再是只有少数人可以享受到的阳春白雪，普通大众通过个人电脑，轻点鼠标就可随时欣赏这些艺术珍品，在生活之中完成审美过程。

因此，对于数字艺术作品的欣赏，也就打破了传统艺术在特定地点与特定时间中进行的方式。任何

数字作品展示

一个人，不管什么时间什么地点，只要连上因特网，都可以欣赏数字艺术作品，如此一来，欣赏传统艺术时那种特定的空间和氛围被打破，取而代之的是非常生活化的空间和氛围；受众的心态也发生了变化，与欣赏传统艺术时那种"凝神观照"的审美态度大不相同，取而代之的是休闲的心态；而且观众与创作者之间、观众与观众之间还可以进行实时的互动交流，对数字艺术作品评头论足，其结果是欣赏者与创作者共同创作、共同欣赏、共同评论、共同开拓新的艺术天地。

三、数字媒体艺术在实际应用中的价值

提升人文价值

中国线下的体验场景如品牌体验店、互动展览处于数字化智联转型阶段，从单向的大众传播转为专注人们互动体验和审美需求，数字体验场景快速取代传统沟通场景。数字媒体艺术作为加强受众互动、丰富受众精神生活的共联体，以自然材料为基础打造出优质的数字内容，提升受众的参与意识，也获得了广泛的社会关注和传播。数字媒体艺术创作者综合运用技艺，将积极向上的审美理念融入作品中，不断探索人与人、人与场所在空间中产生连接的价值可能性，关注人与自然交互，探讨多维度人文体验形式。

随着国内媒体产业对数字媒体艺术作品应用的发展，创作者将数字内容与互动体验进行更深层次的联系：艺术作品由过往的受众单向性观赏逐渐转变成为受众参与可触发性的体验。创作者更注重艺术作品与观者之间的双向互动与交流，满足人们创作与探索、互动的天然需求，强调艺术体验的过程。数字媒体艺术创作者借助新的媒介应用对人们的参与行为进行拓展，人们的参与和互动，影响着艺术作品空间布置和形态，成为构建数字媒体艺术的重要一环。数字艺术领域打造出具有中国特色的文化记忆和文化体验，引起受众情感共鸣，让大众体验科技与艺术的丰富与美好。以人为本，满足社会文化健康发展需求的服务型创作对人文价值的提升和社会意义的延展是有重要作用的。

缩短审美距离

数字媒体创作者将艺术融入创作过程，以期在不同领域交叉融合，进行无边界的创意表达。审美既受到创作对象内涵和路径的相关约束，也受到审美对象的知觉和心智能力的相对制约。数字媒体艺术只有预置熟悉感和新奇性，并设计适当的审美距离，才能让大众获得美的体验。对于参与者而言，艺术氛围带来的审美感知，没有被过多的条条框框所限制，给身体带来轻盈感，使内心充满能量。数字媒体融合生活美学演绎"世界语"，它建立起了一种全新的关系，即共体意识和共生关系，最大化地为参与者营造艺术氤氲的舒适环境、群体互动的生态空间。由于创作者用不同的艺术形式唤

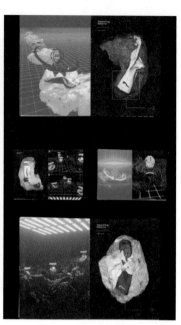

NIKE 数字博物馆

起大众的情感共鸣，打破彼此的审美隔阂，形成了集体认同的归属感，缩短了人们与数字媒体艺术作品之间的审美距离。

在数字媒体艺术的创作过程中，创作者探究融合哪类本质特征能缩短人们因认知差异带来的审美距离。有的创作者将自然特性融入艺术作品中，使艺术作品不仅具有视觉美，还能给受众带来亲近自然的感觉。人们将游客照、合录视频上传到社交平台留念打卡和分享感受。这类自发的传播行为贴合人的自然天性，给作品增添了人文价值，使得受众情感体验富有自然属性的表征。

第五节 数字媒体时代背景下品牌设计的需求分析

一、品牌设计融合数字媒体艺术的必要性

数字媒体时代的来临，同样也是企业面对更高难度挑战的时代。品牌要把眼光转向以了解消费者爱好为主，同消费者一起打造品牌形象，摒弃老旧的品牌销售观点。

品牌和消费者之间不再是旧时单一的控制权，在数字化时代促成的新的与消费者的关系，消费者也具备了共同体验以及和品牌沟通的权利。现如今，品牌以海量地向消费者输送广告的营销方式已经不再被人们信奉，品牌形象得不到好的传播，而数字化形势下的新媒体则需要品牌和消费者携手打造良好的品牌形象。

数字化的新媒体时代带来了更多的机会，带来了更新的改革，品牌能够发掘新的快速吸引消费的方式。消费者以社交媒介发布体验品牌后的感受，既可以让品牌得到反馈也能够给其他犹豫的消费者提供参考。社交媒体对采集到的数据进行深入和准确的分析之后，能够了解到消费者体验品牌后的不同感受，甚至对内容进行分类整理后还可以了解到消费者对品牌的评论和想法。

新兴的数字新媒体能够做到将消费者的真实想法反馈给品牌。只有知道了消费者真实的想法和购买产品时的考虑，才会体现出品牌特色，所谓品牌的特色也可以说是突出性，是指产品本身具有的特点能够激发消费者购买的欲望甚至重复购买并且向亲朋好友推荐。而这些信息在传统的营销模式中需要进行大量的调查与访问才能得来。

普通广告式品牌宣传

普通品牌宣传册

草间弥生网页

在新媒体数字化的时代，品牌可以更加便利地去了解消费者最真实的想法。数字化媒体带来的便利让品牌能够创新，发现品牌回放的方法，利用对话与专业的行为分析，实时跟进消费者对品牌不同的感受，及时制定能够缩减预期效果和真实效果之间落差的措施。这样的方式能够让品牌实时了解消费者最真实的感受，品牌就可以随时对品牌产品进行改进，随时改善消费者对品牌的体验，提升品牌的影响力。

二、品牌设计融合数字媒体艺术的方法

关注媒体的需求

在数字媒体时代中，媒体环境所具有的导向作用非常重要。在一些领域中的品牌形象设计非常注重媒体的需求。首先对媒体的选择要有明确的目的，懂得主流媒体的定位，只有选择了目的一致的媒体才能够在媒体平台中凸显品牌的特色。另外，设计品牌形象的每个阶段都要及时地了解到媒体宣传的进度，及时弥补不足之处。

创新企业品牌文化

数字媒体的时代带来了品牌文化的创新，而品牌文化的创新也体现在形象设计的创新中。若企业不能够及时跟上创新的步伐，继续墨守成规，一定会误导消费者对品牌的认识，慢慢被取代，被消费者遗忘。这就警示企业在创新品牌的时候要及时对品牌文化进行更新改变，保证不落后在媒体发展的环境中，实时了解消费者在新媒体中的消费理念，努力创造出一个竞争性强、抓人眼球、文化底蕴深厚的品牌。

狠抓品牌质量

对于品牌来说，质量至关重要，一个品牌若是无法保证质量，那么就很难存在于新媒体时代中。若是品牌在宣传方面和品牌外观的定制中做得非常漂亮，但是质量方面做得不够完善，或者出现问题，就很难再留住消费者的信任，很难在新媒体的时代下继续生存。所以对品牌进行创新设计之前首先要保证品牌的质量，品牌质量得到提升也属于品牌形象设计的创新点。

围绕媒体和消费者需要进行设计

企业的发展离不开品牌形象设计的创新。企业要考虑如何创新品牌形象以激发消费者的购买欲，就要及时发现新媒

数字媒体设计

体时代中人们的消费趋势。设计者需要实时了解市场动态，通过数字化媒体信息技术对消费人群的消费情况进行分析整合，然后根据情况制定相应的措施。比如深化视觉形象，动画效果等，吸引消费者的眼球。

三、数字媒体艺术在品牌设计中的应用路径

数字影视制作

数字影视制作是创建品牌形象，扩大品牌市场影响力，提升品牌价值，引导目标用户的重要举措。数字影视是基于视觉和听觉感官体验的艺术形式。从个体的生理感官体验优先性与倾向性层面来说，影视作品的视觉效果会最先吸引受众的注意力，听觉感官体验居其次。而这种生理感官体验次序也决定了受众对影视作品中的品牌信息的获取顺序。数字影视作品的影像处理，能够在很大程度上激发受众的消费欲望。类似于流行音乐等快餐式文化样态，让消费者在欣赏数字影视作品的过程中不知不觉地接受品牌形象。按照影像处理方式和视觉感官效果差异，可将数字影视构图形式划分为写实性构图和符号化构图两类。其中，写实性构图注重形象的立体化、生动化与饱满化，摒弃了夸张的艺术修饰，强调事物原始形态的再现。

品牌植入数字游戏设计

随着网络游戏的快速发展，越来越多的高等院校开始设置电子竞技类专业。品牌植入数字游戏设计的方式也得到社会公众的接纳和认可。通常来说，游戏受众与用户群体都对广告有着自然的抵触心理，如果强行植入品牌广告，必定会引起受众群体的反感。然而，将品牌设计的内容作为游戏剧情的重要分支，就会起到很好的宣传效果。品牌植入数字游戏设计，具有诸多的创新性特质。单从传播特性层面来说，由于观众对品牌广告有自然的排异心理，盲目

哈罗德兔年数字红包

爱马仕兔年数字红包

沿用传统的单向灌输式宣传形式，会在很大程度上激起人们的排异心理。而将品牌设计的内容与游戏环节相联系，则能够促使受众自然而然地接收品牌信息，加强整体品牌设计效果。以麦当劳在《模拟人生在线》中的广告植入形式为例。游戏中的玩家可以进入麦当劳餐厅选购食物，而且一比一还原日常生活就餐场景，激发玩家的情感共鸣。同时，游戏玩家在选择特定食物品类时，有机会获得提升角色属性的权限和道具。此外，玩家还可以在麦当劳餐厅中担任计时工的角色，赚取游戏金币，为改善道具性能做准备。

网络媒体助力品牌建设

纵观互联网行业的宏观发展历程，其经历了从商业电脑到个人电脑，再由个人电脑到移动互联网媒体的过渡转变。当前，网络媒体已然成为创造品牌文化形象的主流媒体样态。现代品牌建设往往更加注重于推广和策划，对品牌个性化设计缺乏应有的重视。部分企业甚至在产品推陈出新后，才考虑品牌建设的问题。毋庸置疑的是，这种做法非但不利于品牌文化推广，还会导致新产品因知名度不足而滞销。如果某款产品或某个品牌已经得到消费者群体的接纳和认同，就代表消费者对该产品或品牌的视觉系统产生了深刻的印象。同时，也代表其具备优化改造品牌视觉系统的条件。但客观地说，品牌视觉系统的转变，仍需要消费者重新适应。新浪微博、腾讯微博、微信公众号、腾讯新闻与今日头条等属于当代主流网络媒体平台。这些网络媒体平台拥有基数庞大的稳定用户群体，而这也为品牌建设提供了有利条件。

四、数字媒体时代背景下品牌形象设计与推广的策略

故宫博物院小游戏设计

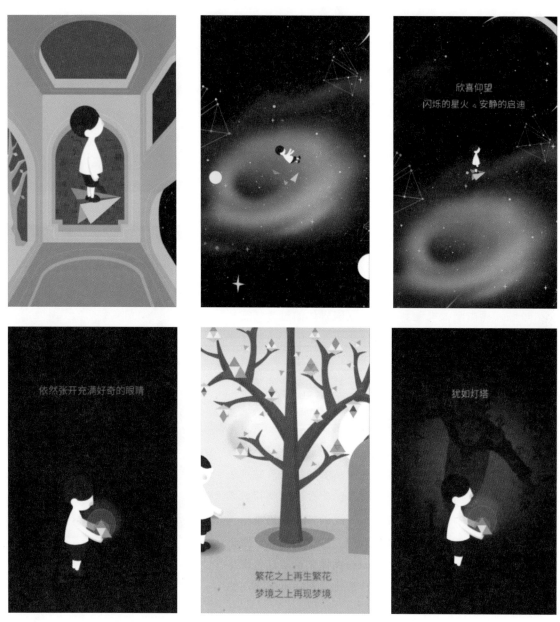

腾讯品牌形象宣传 H5

增强品牌形象的互动性

从本质上来说，品牌形象的互动就是与消费者群体的互动。当前，信息传播具有覆盖范围广、信息容量大等基本特征，而这也使得信息难以在短时间内给受众留下深刻的印象。同时，这对于品牌形象推广也是极为不利的。品牌形象互动性的根本目的是引导消费者深化对品牌形象的认知。例如，设计师将消费者形象与品牌设计形象相互融合，充分调动消费者参与品牌形象推广的积极性，这种方式既可以大幅度提升品牌形象的推广效率，又能够让消费者感受到自身价值。另外，在品牌形象推广过程中，还可以组织各种各样的用户体验活动，进一步凸显自身品牌推广方式的独特性，提升核心竞争优势。

小红书户外品牌推广

保证品牌形象设计与推广的一致性

品牌形象推广的一致性是指品牌设计与推广模式的一致性。随着时代的发展与科技的进步，品牌形象推广单单依靠个体力量是不现实的。在品牌形象推广过程中，必须成立专门的推广研究小组，整合应用多样化的科技手段。再者，注重品牌形象设计与品牌形象推广的一致性。具体包括设计理念与推广理念的一致性、品牌形象设计思想与品牌形象推广思想的一致性等。由此，确保消费者快速获取品牌形象所表达的内容。例如，在品牌形象动态推广过程中，图像呈现形式、视觉传达方式与色彩调配形式要与品牌形象设计保持一致，保证整体推广工作质量达到预期要求。

注重品牌形象精确化推广

在对品牌形象进行精确化推广的过程中，最基础且最重要的内容就是明确品牌形象推广的受众群体，根据受众群体的思想意识、价值观念与行为喜好，调整推广模式与策略。例如，在对化妆品品牌形象进行推广时，需要针对不同年龄段的女性消费者展开精确化推广。针对年龄较小的女性消费者，大力推广彩妆系列；针对年龄较大的女性消费者，大力推广抗衰老系列等。这种品牌推广方式能够抓住消费者的心理需求，达到提升品牌知名度，扩大品牌影响力的目的。

星巴克品牌 App 界面

App 品牌推广

品牌自有的 App 终端是为了使品牌与使用者之间更好地认知并实现互动，带来销售价值。如今，随着互联网快速发展，移动 App 给企业品牌推广带来了新的机遇，同时也面临着新的挑战，消费者不再被动地接受广告和推广信息，消费者已经从被动接受转变为主动寻找有价值的信息，由消费者决定某一个移动 App 的存留，消费者主导整个局面，是否需要与某品牌互动，从某种程度上来讲，现代的消费者是生产型消费者。使用移动终端 App 吸引消费者的关注并向受众群体展示品牌的形象，传播企业的内涵和产品信息。

自从 2007 年苹果公司率先推出 AppStore 苹果应用商店后，诸多不同厂家的 App 移动应用蜂拥地出现在市场，快速形成了非常可观的"应用经济"。在我国，随着 2010 年智能机开始呈现爆炸式的增长，在 2011 年，App 营销成为最火热的营销方式，也是最受欢迎的营销方式。艾瑞咨询移动互联网分析师告诉《第一财经日报》，最早接触移动互联网营销的应该是外资品牌和合作品牌，先从汽车类产品开始，逐渐延展到快消品、电商类、化妆品和航空等领域。如今，金融类品牌企业也开始接触 App 的推广与营销，很多公司把广告植入到一些商家的 App 之中，品牌自身也在研发专属 App 应用程序来补充其销售渠道的不足之处。绝大多数品牌都开展了 App 营销的活动，满足消费者在路途中、等车和坐车等空余的零碎时间都可以满足大众的灵活网购的需求。其实，品牌自有 APP 是让企业品牌与消费者之间产生更加融洽的认知与互动。通过突出品牌和产品的某些特色或某些销售点，设计成极具特色的栏目或者游戏的 App 等来吸引消费者，把用户群做到了很好的区分。App 的交互性和视觉效果会更好地吸引消费者，在品牌推广中应该在消费者的体验之上再着重注意这些。品牌的 App 推广与营销是一个漫长的过程，需要持续的开发和持续的服务。在 App 应用推广的时候，也需要其他方式的配合，结合户外广告、百度搜索、微信、微博等联合增加品牌曝光度，甚至在一些其他的流行性高的 App 应用上做推广。

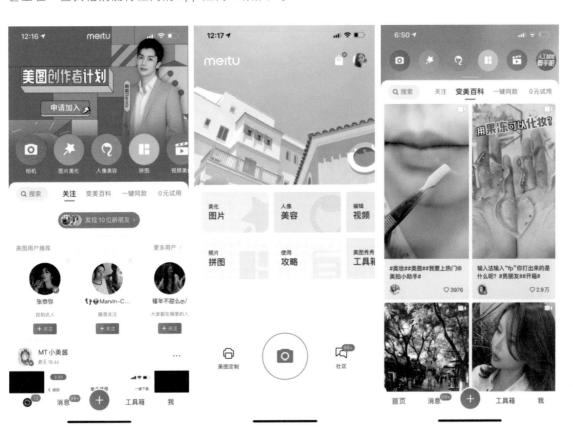

美图 App 设计

优衣库网页设计

企业网站品牌推广

企业网站是品牌进行网络营销活动最好的方式之一，首先要建设好企业的网站，再通过网站上的各种要素集合起来一起推广，将品牌最美好的一面展现给大家。品牌的网站建设与推广主要有三个阶段，用户进网站前、用户浏览网站中和用户退出网站。如果想让消费者对企业产生一定的兴趣并进入网站浏览网页，首先要注意的是网站的整体视觉感受，既要有鲜明的特点又要简单容易记忆。其次，用户进入网站浏览要注意以下几个方面。网站要有足够的人性化，要了解每一类用户的操作习惯和用户需求，对初登录网站者应该提供尽可能多的服务和帮助，对于经常登录的老客户，应该选择合适的操作软件格式，提高浏览效率；对于每个功能使用的词语都要谨慎措辞，让客户能正确地理解与合理使用，还要建立良好的沟通机制，及时解决用户的问题与不满，防止带来负面效应；注重网站的核心功能将其发挥至极致，使用户产生信任和品牌认可，直至成为忠诚顾客。当用户在退出浏览网站后，还要进行网站的修复和完善，通过各种途径，尽可能实现用户信息的共享，让用户了解企业产品或服务开发的进程与目标，从而产生对企业的重视和尊重，再次关注该品牌。

贰

手机 App 界面设计中品牌形象设计则是目前应用最为广泛的领域。出于对消费者的重视，设计师也非常重视 App 界面的设计，以期能够在为消费者提供更好的视觉体验的同时，提升消费者对品牌的认知和信赖。

网页的设计与制作是数字媒体艺术在品牌形象设计中最原始、成本较低的应用形式，通常应用于官方网站、电商店铺等领域。优秀的网页设计可以让用户在良好的体验中了解品牌形象的更多内涵。

方法训练

训练一 品牌形象设计课堂流程

一、品牌视觉识别手册介绍

品牌视觉识别手册的定义

品牌视觉识别又被称为 VI（Visual Identity）。制作品牌视觉识别手册是品牌设计项目的最后阶段，目的是将品牌形象识别制作成展示与使用指导规范文件。人在感知外部信息的过程中，有83%的信息是通过视觉到达人们心中的，因此品牌形象在品牌资产中最具传播力和感染力。

品牌视觉识别手册的内容
基础部分

对品牌符号及视觉符号核心的展示和规范化，包含了品牌标志及其使用规范、品牌色、辅助图形及其使用规范、品牌标准字、品牌专用字体规范、品牌图片使用风格（人物、场景的使用范围）概述。

应用部分

围绕品牌触点展开的基础系统构成的应用规范，具体内容根据品牌涉及的触点应用项目灵活选择，以实用、统一为首要目的。根据品牌的行业属性和品牌策略不同，品牌应用的常用类型可分为以下几种：产品规范、广告规范、SI（空间识别系统）、会展展览规范、企业办公系统规范、制服规范、交通载具规范、公共关系规范及各类印刷品规范、线上视觉规范。

A. BASE SYSTEM 基础系统
horse horse tiger tiger
plane visual image recognition system
马马虎虎品牌VI视觉形象识别系统

B. APPLICATION SYSTEM 应用系统
horse horse tiger tiger
plane visual image recognition system
马马虎虎品牌VI视觉形象识别系统

品牌形象设计 AB 部分

二、设计流程

企业内部情况的收集

企业性质、规律、历史及地理环境；企业理念、信条、主要经营方式、产品销售区域等；产生规模、主要产品、产品工艺流程、产品的性能、价格及使用方式、产品的主要使用者。

企业外部情况的收集

主要经营场所及环境特征；主要竞争对手及经济实力、主要经营方式、产品价格、商标的形式及特征等情况；使用者的年龄、性别、职业及风俗习惯等。

分析整理

将以上收集到的资料进行系统的分类并加以整理及细致充分的分析取舍，从中提炼出最有价值的情报资料。经过整理分析明确产品的主要特点、功能方面的主次关系，产品与市场上同类产品的主要差别，最具竞争力所在等，以上作为设计工作的参考。

概念设计

在完成信息资料收集整理后，由设计者、企业管理者、消费者一道为所设计的商品或生产企业下一个准确而完整的概念定义。这一概念定义要概括、抽象、简练和完整，再通过差别对比找出创意的突破口，然后再根据这一概念及内涵进行设计。

结合马斯洛的需求金字塔进行划分

功能型品牌形象：满足的是生理和安全的需求；标签类品牌形象：满足的是社交（情感和归属）、尊重和自我实现的需求；体验型品牌形象：满足安全和社交（情感和归属）需求。

马斯洛需求金字塔

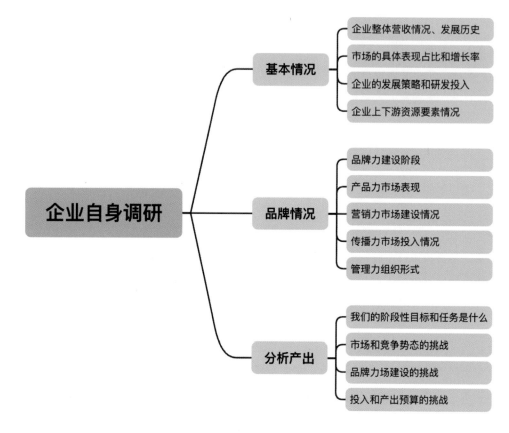

企业自身调研

企业自身调研

基本情况
- 企业整体营收情况、发展历史
- 市场的具体表现占比和增长率
- 企业的发展策略和研发投入
- 企业上下游资源要素情况

品牌情况
- 品牌力建设阶段
- 产品力市场表现
- 营销力市场建设情况
- 传播力市场投入情况
- 管理力组织形式

分析产出
- 我们的阶段性目标和任务是什么
- 市场和竞争势态的挑战
- 品牌力场建设的挑战
- 投入和产出预算的挑战

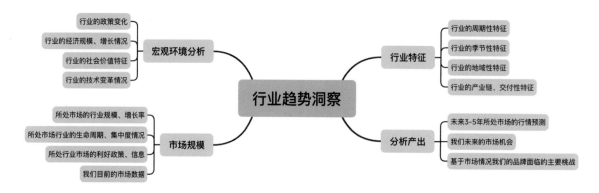

企业行业趋势洞察

行业趋势洞察

宏观环境分析
- 行业的政策变化
- 行业的经济规模、增长情况
- 行业的社会价值特征
- 行业的技术变革情况

市场规模
- 所处市场的行业规模、增长率
- 所处市场行业的生命周期、集中度情况
- 所处行业市场的利好政策、信息
- 我们目前的市场数据

行业特征
- 行业的周期性特征
- 行业的季节性特征
- 行业的地域性特征
- 行业的产业链、交付性特征

分析产出
- 未来3-5年所处市场的行情预测
- 我们未来的市场机会
- 基于市场情况我们的品牌面临的主要挑战

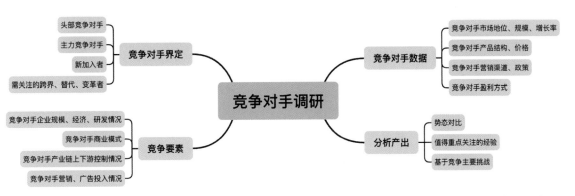

企业竞争对手调研

草图构思

多角度选择，尝试从不同角度和视角去观察和表达你的构思，如尝试从正面、侧面、上方、下方等多个角度进行绘制；多类型表现，如使用线条的层次感等来加强表达效果，也可以尝试使用不同的绘画技法来呈现；多视觉语言，如对比、重复、对称等来增强表现力，也可以使用符号、标注等来表示设计细节或者交流思路；细节处理，可以在其中加入一些细节来更好地表达和传达设计意图，如注重物体的比例、造型、质感等方面的处理，或者添加一些标注和文字说明。

深化定稿

概念内涵是否传达准确；图形是否简洁、醒目和美观；标志是否具有独特的个性；标志是否有很强的适应性；标志是否还有与其它标志巧合的可能性。

标志色彩

标志色彩的选定是在标志的基本形设计完成之后进行的，目的是使标志在使用的过程中能充分体现其符号特征，达到准确传递信息。标志色彩应用中应注意色彩的明度和纯度，注意色彩所具有的含义和感情上的象征性。

正稿制作

标志的色彩稿；标志的黑白稿；标志的标准稿；标志的视觉调整。

版面编排

标志在 A4 纸上的大小一般以 120mm 左右比较适宜，具体尺寸还应根据不同的标志图形而定。

案例一：德华贸易品牌形象设计

品牌介绍：德华纺织品贸易公司是一家主营纺织品贸易交易的跨国公司，目前中国市场以销售家纺产品和家居装饰的创意产品为主，包括床上用品、家居饰品、个人护理用品和各类餐具等。

品牌主营纺织品，如地毯抱枕、床单被套等纺织产品。品牌旨在让消费者用一杯咖啡的钱买到很多环保、优质、价格低廉的家居必需品。品牌以"为家创制造价值" 为理念，将简约而不简单的风格延伸至品牌各个领域，将自然灵感融入潮流时尚之中。

设计理念阐释

标志设计，logo 为图形与英文融合＋中文的组合标志。中英文部分外方内圆，整体方、细节圆。就像家一样，外面是方方正正的墙砖，里面是柔软舒适的家居。

图形部分与英文进行结合，用一根线贯穿整个英文部分；线条形状取自丝绸之路的路线之一，丝绸之路是古代连接中西方的商道，随着时代发展，丝绸之路成为古代中国与西方所有政治经济文化往来通道的统称。而德华作为一个初次来到中国的纺织品贸易公司，希望尽快进入市场，与消费者建立起良好的情感互动，故以此为出发点，设计品牌标志，奠定品牌基调。同时，线条与心电图形状相似，并用细线的形象呈现出来，代表德华与消费者之间强烈的情感共鸣。

标志色彩，标准色的释义是面对全新挑战，消费者将深入内在世界，疗愈习惯将成为日常生活的一部分，修身养性趋势推动平衡身心、治愈自我、促进健康的色彩应运而生，未来色彩将为人们注入乐观与希望，带来和谐与稳定感。人们对来自自然和乡野的有机色调日益产生兴趣，健康的、低影响的、可循环意义的自然色调明显在未来的世界里更具有吸引力。

德华草图设计

另一方面，饱和刺激的颜色也会应用，这是由于人们对积极的渴望和虚拟世界日益增长的影响力，在虚拟世界中，新的自我表达形式正在蓬勃发展。充满活力的黄梨色是清晨治愈的阳光，明亮欢快，生生不息，以乐观的态度迎接美好的未来。这与德华绿色环保、经济实用、时尚有趣的风格及理念不谋而合。

辅助色是标准色在实际应用中的辅助颜色。为使品牌形象统一而富有变化，结合品牌文化传统、经营特色等，特选定辅助色。品牌标准色与辅助色除了可以单色使用、多色组合使用，还可以进行渐变混色。但不可脱离标准色进行混色；一般不支持同时使用两种及以上的混色。品牌各单位应增强使用意识，通过各种色彩搭配在各类应用中的使用，提升品牌的文化认同和社会的影响力。

辅助图形1：直接应用品牌标志中的关键元素——"线"作为辅助图形之一。该线段可以单独直接

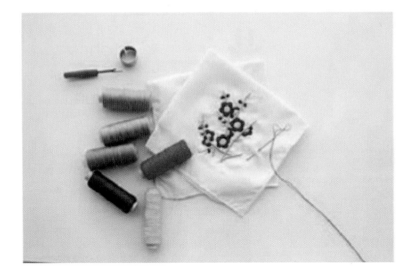

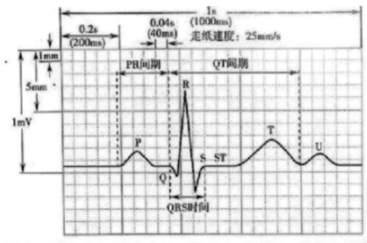

德华设计理念

使用，也可以根据需要进行单向延长或双向延长。颜色方面可根据需要使用标准色、辅助色或标准色与辅助色的组合、渐变。

辅助图形 2：提及纺织业，大家一般都会想到棉花、丝线等材料，棉花质地轻盈、饱满，做出来的纺织品舒适、柔软。所以，这里以棉花为原型进行提取归纳，形成辅助图形。辅助图形为从棉花形状中提取归纳出来的五个字母，非别是"D""E""H""U""A"，德华二字全拼的大写字母。寓意德华的纺织产品柔软、轻盈、多元。颜色方面，可根据需要使用标准色、辅助色或标准色与辅助色的组合、渐变。

黄梨色
（核心品牌色）

R239 G236 B100
C14% M4% Y69% K0%
HTML：#EFEC64

橄榄黄绿

R205 G220 B57
C3% M0% Y3% K0%
HTML：#CDDC39

青葱绿

R140 G201 B43
C50% M2% Y98% K0%
HTML：#8CC92B

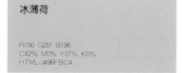

冰薄荷

R150 G251 B196
C42% M0% Y37% K0%
HTML：#96FBC4

每子蓝

R36 G163 B172
C75% M20% Y36% K0%
HTML：#24A3AC

清水蓝

R181 G231 B232
C34% M0% Y14% K0%
HTML：#B5E7E8

淡藏花红

R248 G184 B156
C2% M37% Y36% K0%
HTML：#F8B89C

自然黑

R30 G30 B30
C84% M79% Y78% K63%
HTML：#1E1E1E

椰白

R225 G254 B248
C0% M01% Y4% K0%
HTML：#FFFEF8

神秘灰

R137 G137 B137
C53% M44% Y42% K0%
HTML：#898989

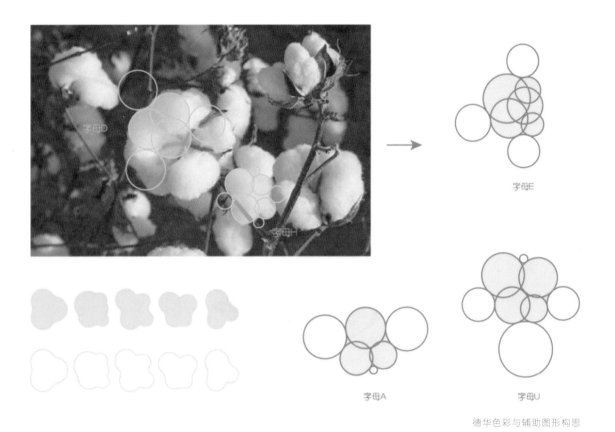

德华色彩与辅助图形构思

整体效果呈现

网页设计的尺寸 1920*1080px，数量为 13 个页面；VI 手册和部分内页尺寸为 A4，版式为横版，页数为 35 页；办公组合包含名片、信纸、信封、文件夹、笔记本；包装纸的规格为 78*108cm，材质为 26g 的雪梨纸；手提袋的规格为 36*26*8Cm/26*35*13cm，材质为 250g 的白卡纸；其他应用包含文化衫、胶带、印章、圆珠笔、马克杯、名片、螺纹丝带、公司背景墙、贴纸、鼠标垫、电梯灯箱。

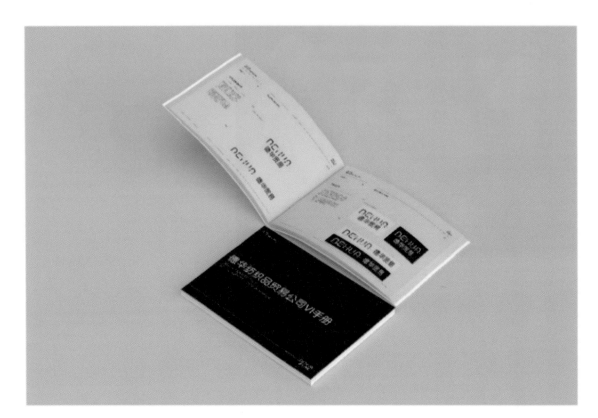

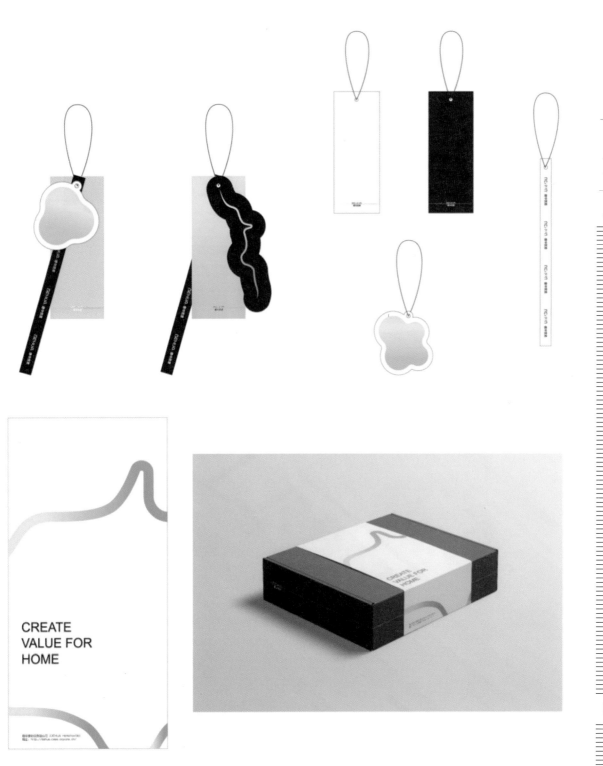

CREATE
VALUE FOR
HOME

德华品牌形象设计效果呈现

案例二：上海非梦文化艺术交流中心品牌形象设计

品牌介绍：随着人们生活质量的提高，文化艺术的地位在当今社会逐渐攀升。上海非梦文化艺术交流中心是一家文化艺术类教育机构。中心针对艺术院校的专业考、综合大学的加分考与各类声乐比赛、声乐考级定制课程。本研究旨在通过对"非梦文化"品牌设计中乐感元素的视觉表达进行研究，尝试将音乐的节奏韵律可视化，将合适的视觉元素应用到品牌形象中去，提升品牌公众形象，从而促进中心的良好发展。

草稿方案展示

设计以柔美的蝴蝶作为基础形象，辅以字母或者抽象的元素，既简洁符合现代人的审美需求，又体现了其企业名称所蕴含的文学及哲学的视觉感受。

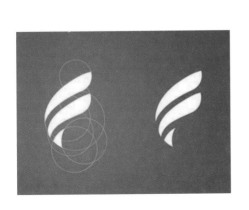 

051

上海非梦文化艺术交流中心
Shanghai FeiMeng Culture and Art Exchange Center

上海非梦文化艺术交流中心
Shanghai FeiMeng Culture and Art Exchange Center

设计理念阐释

标志设计以品牌的行业属性为设计的出发点，以品牌名称首字母"FM"、音乐元素、蝴蝶形象为设计点进行创意变形，体现出品牌的专属性和识别性。标志整体简洁明快，有一种流动的动感。标志粗看是一只翩翩起舞的蝴蝶，蝴蝶象征了自由、美丽。 破茧而出后变作蝴蝶，象征一些成功后的形象。粗细有致的线条以及渐变的色彩让人感受到它的温暖亲切、柔美灵动；细看，标志图形"F"与"M"同构在一起，体现了上海非梦文化艺术交流中心团结一心的团队精神和真诚服务客户需求的理念，同时也体现了企业的包容性；同时"F"在音乐术语中表示强的含义，可以体现中心雄厚的综合实力；再细看，很容易发现标志的左半边是一个十六分音符，体现了企业是以声乐乐理、形体表演为主的系统教学，团队十分专业、强大。

标志色彩采用玫粉色到桔红色的渐变，给人一种热情美好的感觉，有较强的视觉冲击力，便于记忆和传播，且蝴蝶的形象结合这样的色彩让人觉得很灵动优雅。

C 8 M 94 Y 4 K 0

C 0 M 74 Y 49 K 0

辅助图形调研了渐变色彩及点线面元素运用的案例。如第二十五届台湾金曲奖中，聂永真、王志宏等众多台湾当代新锐设计师提炼出视觉符号作为创作的核心，运用点线面的元素进行多元化排列组合方式，结合了动态影像的方式进行视觉化表现，并且还搭配了渐变的高级感配色，凸显出音乐的气质与情调。整个设计深入人心。

辅助图形设计以圆点作为基本要素。当圆点逐渐变小，表示音乐音量减弱；圆点逐渐变大，表示音乐音量渐强；圆点突然变小，表示音乐音量突弱；圆点突然变大，表示音乐音量突强；圆点排列间隔相等，表示音乐节奏平稳；圆点排列间隔变大，表示音乐节奏渐慢；圆点排列间隔变小，表示音乐节奏渐快；圆点往高处排列，表示音乐音调渐高；圆点往低处排列，表示音乐音调渐低。

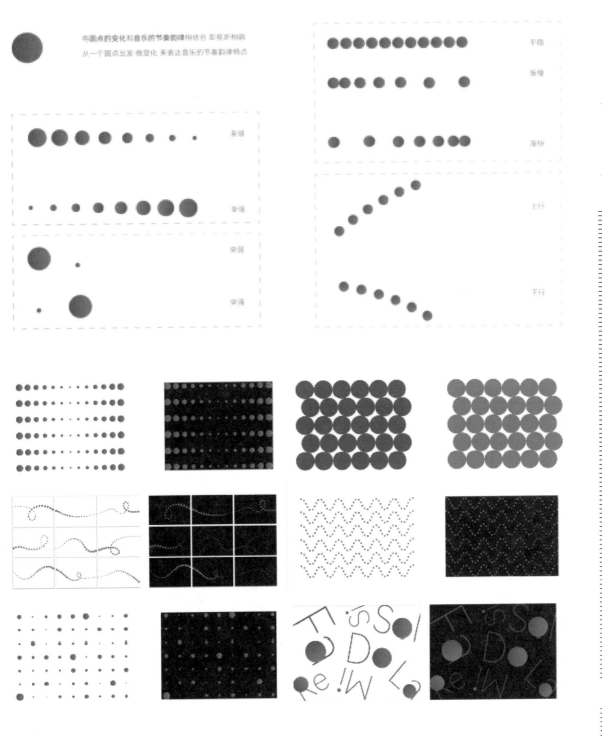

整体效果呈现

包含明信片、邮票、多功能书签、挂牌、杯垫、邀请函、课程优惠券、背袋、抱枕等。

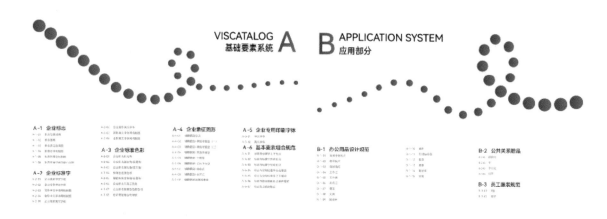

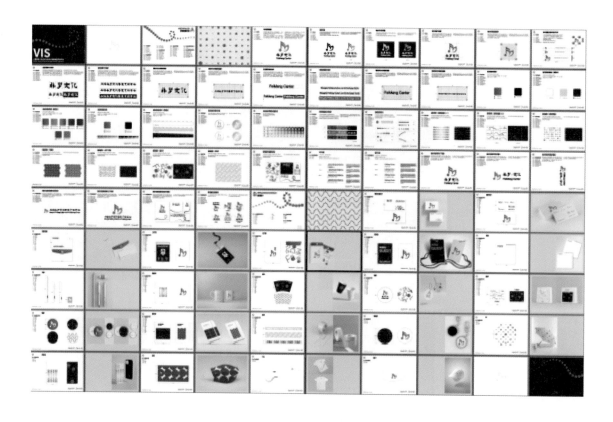

非梦品牌形象设计效果呈现

训练二 新媒体交互设计课堂流程

一、数字媒体交互设计介绍

数字媒体交互设计是关于用户行为的设计，是关于人机交互的设计。对人机交互的界面美观、操作逻辑进行设计，从而使人能够获得愉悦的体验。界面交互设计是时下数字媒体交互设计的主要内容。比如 App 的界面设计、网站网页的界面设计都属于数字媒体交互设计。随着智能手机和互联网的发展，应用程序也在快速发展。移动端、平板端、PC 端的应用程序层出不穷。为了使用户获得良好的用户体验，各大企业在不断地改进 App、网页的界面设计，以适应用户的使用行为，从而让用户获得更舒适的界面操作和更好的用户体验。

数字媒体交互设计的流程包括用户调研、需求分析、用户角色模型创建、故事板绘制、用户体验地图制作、竞品分析、信息框架搭建、流程图绘制、线框图绘制、情绪板创建、视觉设计、交互原型设计、用户测试、迭代。学习和掌握好数字媒体交互设计的流程，能够有效地保证项目的顺利进行，优化项目质量。

上海咖啡交互设计

二、设计流程

用户调研

用户调研的第一步，就是明确调研目标，即用户，这也是整个调研过程中最重要的一步。根据调研目标选择正确的用户研究方法，寻找目标用户，明确用户需求，才可以决定发展方向，制定相应的设计策略。不管是何种用户研究方法，总的来说都是在研究用户的态度或行为，所采用的

新媒体设计下拉页

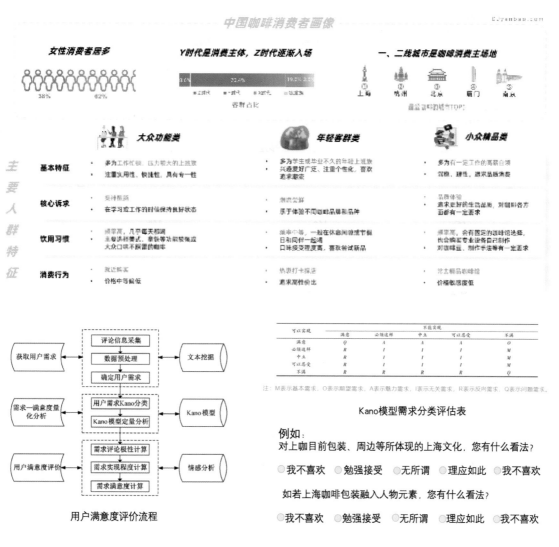

用户满意度评价流程

Kano模型需求分类评估表

例如:
对上咖目前包装、周边等所体现的上海文化,您有什么看法?

○我不喜欢　○勉强接受　○无所谓　○理应如此　○我不喜欢

如若上海咖啡包装融入人物元素,您有什么看法?

○我不喜欢　○勉强接受　○无所谓　○理应如此　○我不喜欢

上海咖啡用户调研与画像

研究范式基本上是定性研究或定量研究。

定性研究

定性研究是指从小规模的样本中发现新事物的方法,主要目的是确定"选项"和挖掘深度,思考用户表达背后的原因,挖掘深层次的需求。定性研究通常会采用用户访谈法、可用性测试法等用户研究方法进行研究。在进行多人访谈后一定要进行交流,沟通和总结访谈的内容,思考用户会在哪些场景中使用该产品,为什么在这些场景下会使用这个产品,并且在每个场景中用户的需求是什么。

定量研究

定量研究是指使用大量的样本测试和证明某些事情的方法。常采用的用户研究方法有问卷调查法、网站流量／日志文件分析法等。问卷调查法一般用于用户访谈之后，通过用户访谈判定基本方向及要点，再通过问卷对各需求的关键点进行定量分析与验证。

行为研究

行为研究是对用户行为层面的研究，目的在于了解用户对产品和服务所采取的行动。例如，用 A/B 测试法查看不同的设计对用户行为所产生的影响，用眼球追踪法检测用户在观看界面时的视线行为特征。

态度研究

态度研究是指关注用户所持有的观点，了解用户的思想、感觉、需求、态度和动机。从长期来看，态度可以驱动行为。例如，问卷调查法可以对用户的态度进行衡量和分类，从而发现所存在的问题，而问卷的数量又可以从定量的维度上对需求的关键点进行验证；焦点小组法可以通过所设置的小组环境获得用户对产品的真实观。

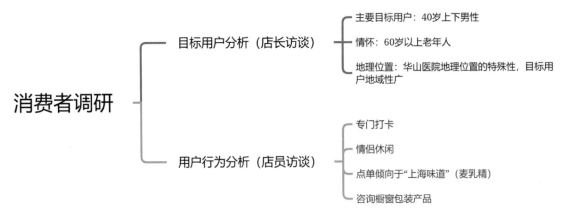

上海咖啡用户调研与画像

需求分析

需求分析是产品设计中一个非常关键的过程，以"用户需求为驱动"的设计要先明确用户需求是什么，然后才能通过需求分析寻求解决方法。理清需求的等级，有助于资源管理和时间分配。

收集需求

利用之前介绍的用户研究方法对用户进行调研，从定性、定量、态度、行为 4 个维度获得用户的需求反馈。设计师需要对需求进行分析，判断哪些是真正的需求，哪些是伪需求，并对需求进行分级，决定哪些是刚需，即一级需求，从而将更多的精力和时间投入其中。

需求的等级评价

很多时候，一个产品不只有一个功能，而是有一系列功能，不同的功能对应用户不同的需求。用户的需求多种多样，现实中不可能做到所有需求都被满足，这时就要做需求的等级评价，对需求进行分析，挖掘出最具有价值的用户需求。

这里有个公式可以对需求的等级进行评价，帮助设计师设定需求的优先级：一般从依赖度、使用频次、使用人群等 3 个维度进行评价。在对每个维度打分后再做乘法。

依赖度：非常依赖（3分），一般依赖（2分），不太依赖（1分）。

使用频次：频繁使用（3分），经常使用（2分），偶尔使用（1分）。

使用人群：大部分用户（3分），一般用户（2分），小部分用户（1分）。

需求等级评价

计算需求等级评价

A 功能指大部分用户（3分），一般依赖（2分），经常使用（2分），于是其需求等级的评价值为 $3 \times 2 \times 2 = 12$；B 功能指一般用户（2分），非常依赖（3分），频繁使用（3分），于是其需求等级的评价值为 $2 \times 3 \times 3 = 18$。评价结果的方法是，由于 12<18，所以 B 功能的优先级高于 A 功能的优先级，因而需要在时间和精力上优先满足 B 功能的需求。一般情况下，可以根据需求的重要程度划分需求等级。

建立用户角色模型

完成用户研究和需求分析之后，就可以开始建立用户角色模型。不同用户群的需求是不同的，产品是为用户群服务的，用户群的基数越大，产品的标准就越低。如果一个产品适用于每一个人，那这个产品就毫无特色可言。产品的目标是服务于特定用户，那就需要为他们设计开发出标准高、满意度高的产品。

要注意的是用户角色模型既不是真实的人物，也不是统计学上的平均用户，也不是市场细分，而是具有目标用户群体特征的综合模型。用户角色模型不仅可以帮助产品经理明确用户的需求，而且还方便与其他人员进行沟通，是提高决策效率的有力工具。一般情况下一个产品需要 3 个人物角色。一是首要人物角色——理想的目标用户（首要人物角色的需求必须满足），二是次要人物角色——潜在用户（满足部分需求），三是一般人物角色，即一般用户。

目标用户　　　　　**潜在用户**　　　　　**一般用户**

用户角色

用户角色模型的作用

用户角色模型要对用户的行为、价值观及其需求进行描述与勾画。创建用户角色模型有助于设计师聚焦于特定的目标用户群，而非所有的用户。用户角色模型代表着目标和行为模式，使对用户的探讨更加便捷有效，使设计流程更加以人为本。

创建用户角色模型有助于设计团队将工作的重心集中在用户的目标和需求上，根据大多数用户需求的模型进行设计，即使用户模型发生变化，也可以快速地接受，转变认知。在真实的实践中，经常会出现用户所说和所做不一致的情况，当这种情况发生时，对用户需求的收集、分析和满足都会发生偏差。使用用户角色模型就可以有效地避免此类情况的发生，因为用户角色模型是综合分析用户群体特征的结果，并非是单个人的特征分析的结果。在设计过程中出现矛盾时，还可以根据用户角色模型调整决策。

创建用户角色模型的方法

创建用户角色模型可以分为三个步骤。步骤一是收集大量的与目标用户相关的信息；步骤二是筛选出最具有代表性的目标用户群和用户特征；步骤三是创建 3 ~ 5 个用户角色。

同时为每个角色起名字，尽量在一张纸上表现一个人物角色，确保概括得清晰到位；运用文字和人物图片表现用户角色的背景信息和特点；添加详尽的个人信息，使用户角色更加生动丰满，如年龄、教育背景、工作、爱好和家庭状况等；将每个用户角色的主要特征和生活目标包含其中。

用户角色

绘制故事板

创建完用户角色模型之后就可以开始绘制故事板。故事板是使用视觉方式讲述故事的方法，陈述所设计的产品在应用场景中使用的过程。故事板是在进行原型设计之前，将抽象的概念转换成具象的事物的一种快捷方式。每一步的体验配合相应的图像，可以粗略地描述出某一时刻正在发生的事情。富有感染力的视觉表达，使用户的行为、动机和目的都可以清晰地呈现出来。故事板可以使设计师更加了解目标用户，以及产品的使用情境和使用方式，并使团队在项目的主要目标上保持一致。故事板还可以帮助设计师从一项体验出发，思考整个体验过程，这样可以为后续的工作节省大量的时间，避免后续的返工和大量的修改。

故事脚本

故事板可以应用在整个设计流程中，随着设计的不断推进，故事板也会不断地进行改进，内容会逐渐丰富，融入更多细节信息，帮助设计师探索新的创意并做出决策。在创建故事板时，不需要过度担心绘画技巧，粗略地表达甚至是使用小木棍都可以创建一个故事板，重点是要聚焦于用户的体验，将问题描述出来，并描述出如何帮助用户解决问题。

绘制故事板时必然需要准备故事脚本，故事脚本是基于文本的。故事板中的故事脚本描述的是体验过程，它通过对行为、行动的描述表达用户的需求和需求的解决过程。在实践中会发现，有一些很有吸引力的构想是很难通过用户体验的形式描述出来的，故事脚本就能够很好地解决这个问题。

创建故事板的方法

滴滴出行故事板

在创建故事板时，同时要考虑故事发生的场景，用户是在什么时候、什么地方与产品发生了交互，用户和产品在交互的过程中发生了什么行为，这个行为是什么样的，用户的生活方式、用户的动机和目的是什么。

创建故事板可以分为四个步骤。步骤一要确定用户角色和使用情境。选择一个目标用户角色，最好是使用之前创建好的用户角色模型，不能是臆想出来的人物角色，因为用户的行为、习惯、喜好、期望等因素都决定着他们使用产品时的行为和决策。在整个故事板中，用户角色不会孤立存在，需要一个承载形象的场景和环境，这个环境包括线上环境和线下环境，如网络、咖啡店等。

步骤二是设定故事情节和想要表达的信息。设定故事情节，故事的描述要简单、清晰、易懂，要紧紧围绕着角色和行为展开，要避免跑题。在整个故事中，要包含用户目标、触发事件、行为流程、行为结果等。

步骤三是绘制大纲草图。先确定时间轴，可以先使用纯文本和箭头对故事进行梳理，抓住故事的关键连接点，标注出重点呈现的部分。在每个步骤中可以通过添加表情符号来帮助他人了解角色情绪和思想的变化，重点是角色的期待和结果对角色的影响。

步骤四是绘制完整的故事板。将简单的故事情节转换成画面，在画面中要体现出行为过程和角色的情绪和思想。故事表达要具有层次感，可以添加一些人物表情、界面图形、环境和场景等增强故事板的表现力和可读性。同时还可以添加一些简短的文本解释，确保重的信息在故事板中得到有效的传达。

故事板案例

制作用户体验地图

用户体验旅程图通常包含阶段、用户行为、用户情感、用户评价、痛点／机遇、用户需求。借助用户体验旅程图，可以帮助从用户视角出发了解用户与产品的交互过程，以及用户在不同阶段的使用体验，整个过程以可视化方式呈现。通过用户旅程图可以挖掘用户需求、痛点，发现机会，找到优化方向。

用户体验旅程图的绘制大致可以分为五步。第一步是创建旅程图各个阶段，这部分需要考虑用户从开始使用产品到实现目标需要经历哪些阶段；第二步是提炼用户行为，用户在各个阶段对应的行为、操作，通常是根据用户调研、用户行为分析等进行收集整理；第三步是梳理用户情感曲线／用户评价；第四步是挖掘痛点／机遇；第五步是明确用户需求，针对用户痛点进一步明确用户真实需求，是基于痛点的思考。如果用户的痛点困扰是存在虚假信息，那么相应的，用户需要的是真实可参考的内容，以此购买到好用、适用的产品。

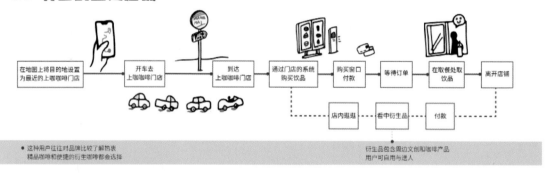

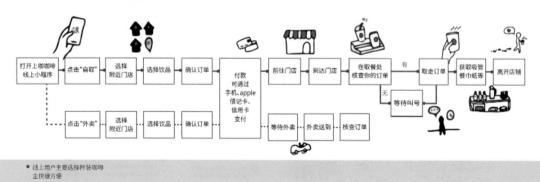

上咖咖啡用户体验图

竞品分析

在明确了目标用户和需求之后，对市场上现有的同类型产品进行收集和比较，从而寻找新的设计突破点。竞品分析是产品开发中必不可少的环节，好的竞品分析有利于制定可行性办法。要学习竞品的优势，规避其不足，寻求差异化发展。竞品分析可以为企业的产品战略布局提供参考依据。

通过建立对市场上其他对手的分析以及市场未来发展趋势的预测来判断竞争对手的优势，基于以上的判断来确定自己在市场中的优势地位。只有了解市场的发展背景以及竞争对手的情况，才可以对自己的产品进行准确定位，确保自己的产品能够在未来的市场有竞争力。

收集尽可能多的竞争对手资料：其中包括竞争优势分析以及竞争对手的产品营销以及价格政策等数据的收集，可以通过互联网或者是调查问卷、实地考察等形式，了解更多的竞争对手信息。通过上一步的分析后，你需要对竞争者的产品竞争力做好评估，一般评估内容包括经营能力分析、市场营销策略分析以及市场竞争分析等内容。通过对市场的资讯进行收集，可以对市场的销量、份额以及营业额等方面有一个初步的了解，通过参考其他企业在市场中的营销份额进行分析，确定哪种产品类型会有更高的销量。

策略分析	竞品分析					
	直接竞品		间接竞品		参照品	
	星巴克	四季上海	霸王茶姬	茶颜悦色	红宝石	杏花楼
品牌内涵 品牌文化价值观念	1.打造全新的体验式文化氛围，让顾客找到归属感 2.激发并孕育人文精神，每人、每杯、每个社区	1.引起上海人的共鸣，重现上海人记忆中的味道 （用户调研：喝的是情怀）	1.以东方茶，会世界友，国风国际化，致力于做东方茶文化的星巴克 2.主张"霸王茶姬，就是有戏"主张，拒绝平庸，打破偏见，拥有无限变化和可能	1.古典国风的品牌形象，倡导新中式趣致生活，钟情于中国4700年的茶文化以及现代中国风，致力于做"中国风"奶茶品牌 2.主张品牌有温度，产品有品质，价格很亲民	1.研发主打产品、配套产品、潜力产品，各有侧重地共同推进，形成经典与时尚结合的品牌优势 2.纯正英式口味与上海海派风情结合	1.杏花楼店名、品牌、商标相得益彰，积淀着丰厚的品牌文化内涵
品牌价值 功能利益	1.咖啡及衍生品销售收入 2.第三社交空间 3.品牌力与咖啡社交文化	顾客休息场所（现有资料提供）		1.以产品为媒介，进一步传播、推广企业文化与长沙本土城市文化，吸引游客	1.打开发展模式的另一扇大门，注重门店线上线下的业务销售 2.巧用数字化减缓线下门店运营压力	1.开设大量店铺，利用卖场、超市全市联网的优势，让品牌作为生活必备及送礼的首选 2.将大众化和特色相结合，刚性需求与选择消费兼容 3.立足大众、家庭婚宴、商务

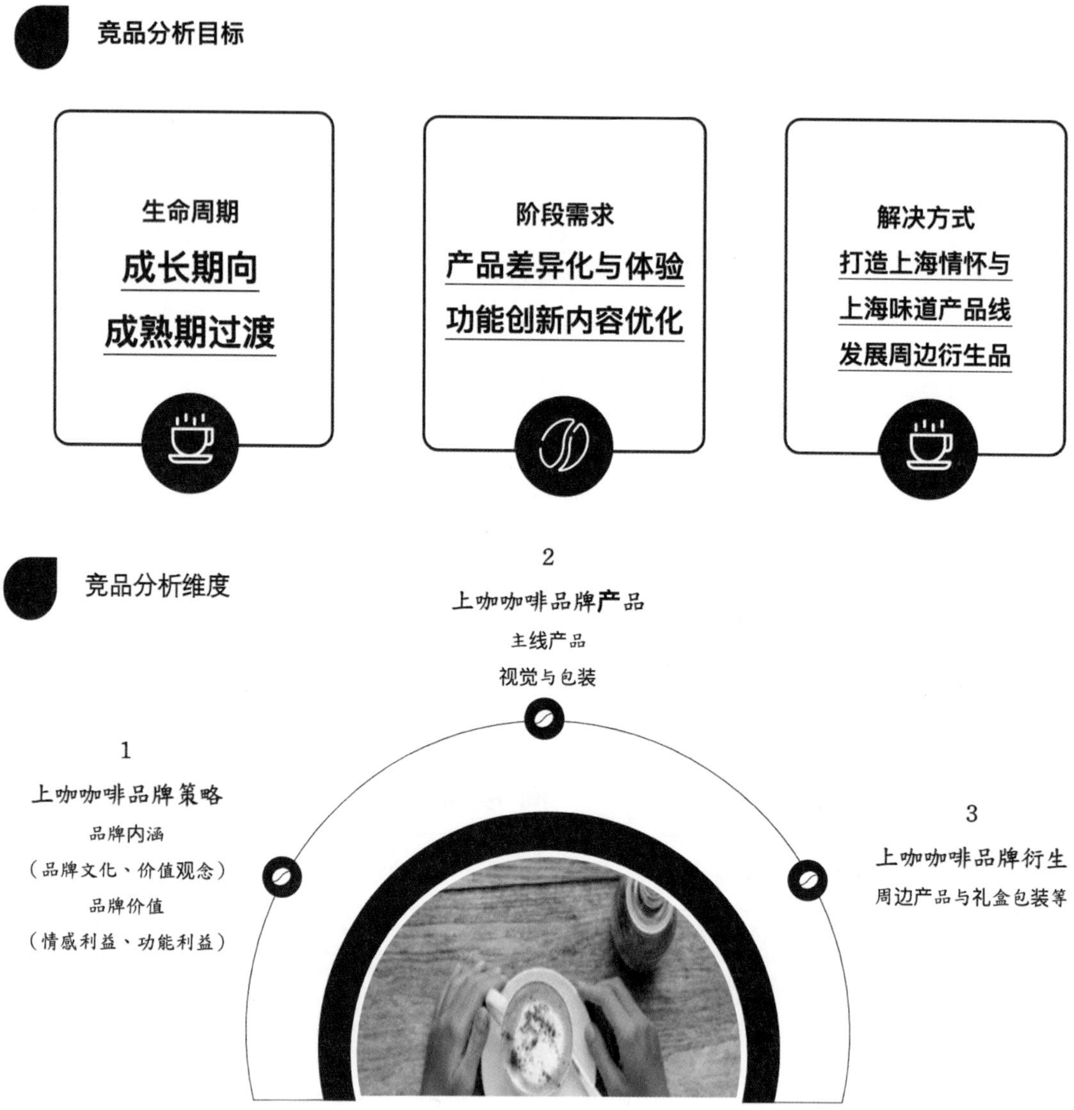

竞品分析目标

生命周期
成长期向
成熟期过渡

阶段需求
产品差异化与体验
功能创新内容优化

解决方式
打造上海情怀与
上海味道产品线
发展周边衍生品

竞品分析维度

2
上咖咖啡品牌**产品**
主线产品
视觉与包装

1
上咖咖啡品牌**策略**
品牌内涵
（品牌文化、价值观念）
品牌价值
（情感利益、功能利益）

3
上咖咖啡品牌**衍生**
周边产品与礼盒包装等

上咖咖啡竞品分析

构建信息框架

在完成前期的调研和需求分析之后，需要对产品所有的需求进行规划和梳理，使其结构化，即构建信息框架。信息框架能够为设计师提供一个清晰的产品设计思路：将产品原型以结构化的方式展示出来，帮助设计师从全局的视角审视产品，以有效地对产品结构的逻辑性进行修改和检查，使产品更加完善。

绘制流程图

先画出一个中心点，表示整个流程的主要目标。从中心点开始，逐步绘制出各个重要的节点，并在节点间连接好相应的线段。针对每个节点，确定其具体的功能与作用，精心细致地添加相应的文字描述和符号。在整个流程图的左侧或右侧添加一个简单的说明框，用来概述整个流程图的作用和意义。仔细检查整个流程图，看是否有不合理之处，并进行相应的修正。

除了以上步骤，还有一些常见的技巧和注意事项需要我们留意尽可能缩小每个节点的文字描述，保持简洁明了。设置不同的符号、颜色和线型，用以突出不同节点的重点内容和区别。一定要确保整个流程图的布局整齐、美观，让人一眼就能看清流程走向。可以尝试使用思维导图软件等工具，进一步提升绘制效率和图示效果。

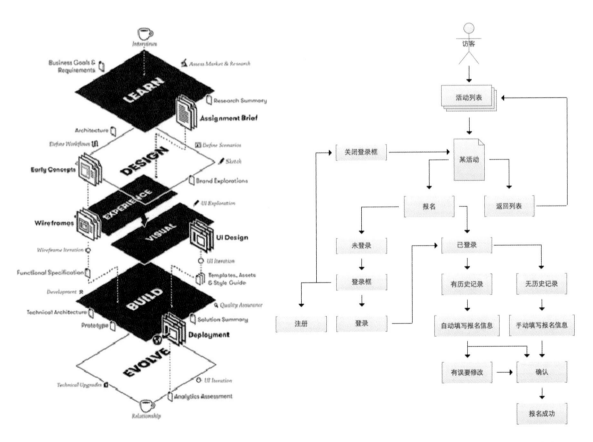

流程图绘制方法

绘制线框图

在数字媒体交互设计过程中，线框图是非常重要的一步。它可以帮助设计师快速表达自己的想法，并明确内容大纲、信息结构、布局、界面图形和交互行为等方面的要求。线框图可以将即将显示在页面上的信息显示出来，给出页面的基本结构和布局，指导界面的总体设计方向。

通过绘制线框图，设计师可以清晰地看到界面的框架和各个组件的相对位置，以及它们之间的关系。这有助于设计师设计出更具有逻辑性和吸引力的用户界面。线框图也可以作为与团队和利益相关者进行沟通和讨论的工具，帮助大家共同理解和达成一致。

线框图通常是以简单的黑白图形或草图的形式呈现，注重功能和布局，而不过多关注细节和样式。这样做有助于集中精力在整体的信息结构和可用性上，避免过早地陷入具体的视觉设计细节。

使用线框图还可以对交互行为的逻辑性进行快速检测。产品原型是产品最终完成的模拟展示，由线框图制作的产品原型被称为低保真原型。使用低保真原型可以对页面间的跳转、元素内容及交互行为进行快速检测，对不合理的、不符合逻辑的操作设置进行快速调整和修改，为之后的视觉设计做好框架基础。

创建情绪板

线框图绘制完成后，就可以进入视觉设计阶段了。情绪板是一种可视化的沟通工具，可以帮助设计师明确和传达设计中想要表达的情绪和氛围。它可以通过图像、颜色、样式等元素的组合来形成一个整体的视觉呈现，以便更好地定位和指导视觉设计的风格和表现。

通过使用情绪板，设计师可以将自己的想法和概念以非文字的形式呈现出来，使得设计的风格更加具体和可视化，有助于更好地与项目团队、客户以及其他利益相关者进行沟通和理解。情绪板也能够帮助设计师收集和整合用户的需求和意见，并根据其反馈进行相应的调整和优化。

视觉设计

在完成前期的调研和准备工作之后，就可以开始进行视觉设计了，即图形用户界面（GUI）的设计。根据线框图中功能和内容的布局，使用情绪板的视觉引导将其细化，其中包含导航样式、图像形态、图标的图形表达、颜色的搭配等。界面的视觉设计是决定产品品质和用户感受的重要一环，因为当用户第一次使用该产品时，最先与用户产生联系的就是视觉设计。使用视觉设计稿制作的原型被称为高保真原型，这是对最终产品形态进行了高度的模拟，为程序的后期开发提供了视觉化的参考。

简　约

色　块

无衬线体

色彩鲜艳
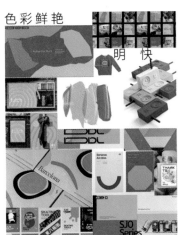

线　条

留　白

情绪板素材

目前视觉表现上主要有两种风格，即拟物化设计和扁平化设计。拟物化设计对于用户而言学习成本低，能够帮助用户更快地掌握对产品或工具的使用方法；扁平化设计因为摒弃了原本冗余的东西，从而使交互体验获得很大提升。

2013年，苹果推出了 IOS7 开启了拟物向扁平转变的风潮。在 IOS7 中对整个界面的图标、按钮、字体、信息层级等各方面都进行扁平化设计。元素的边界干净利落，界面更加整齐简洁。将一切干扰信息弱化，减少认知障碍。

IOS 系统

低保真原型

交互原型是一种用于协作、传达需求和进行工作沟通的工具。与高保真原型相比，低保真原型通常具有较低的精度和复杂度，但它更加快捷和灵活，更有利于获取用户的反馈和验证设计。低保真原型主要关注人机交互和操作的方式，能够快速地检查和测试产品的功能。

通过低保真原型，设计师和团队可以快速构建一个简化的原型，用来模拟产品的交互过程和功能。这种原型可以通过点击、滑动等操作与用户进行互动，帮助设计师收集用户的反馈和观察用户的行

低保真

为。通过与用户的互动和测试，设计师可以发现和解决潜在的问题，优化产品的用户体验。

低保真原型也能够帮助设计团队之间进行工作沟通和协作。它能够清晰地展示产品的交互流程和功能，帮助团队理解和共享设计意图，提高沟通效率，避免过多的误解和假设。

高保真原型
高保真原型是一种逼近最终产品实际运行状态的原型，具有高精度和精致的视觉表现以及逼真的交互操作。相比低保真原型，高保真原型更能让测试人员和用户获得更有意义的反馈。

使用高保真原型可以大大降低沟通成本，因为它能够更准确地展示设计和功能细节，并使各方能够更好地理解和共享设计意图。高保真原型还可以为后续的开发过程节省制作成本，因为通过早期的原型测试和验证，可以在产品开发之前发现和修正问题，减少开发过程中的返工和调整。

高保真原型能够模拟用户的使用情境、操作方式和用户体验，为产品设计和开发提供更准确的参考。它能够更好地展示产品的外观和交互细节，使用户更容易理解和评估产品的功能和特性，从而提供更好的用户体验。

073

高保真

用户测试

用户测试是为了发现设计中存在的问题，通过优化和迭代提升用户体验。用户测试贯穿在设计的整个阶段，只有进行了用户测试之后，才能发现未能预见的问题，消除潜在的设计错误。本书在第三章中介绍了多种用户研究的方法，这些方法可以被应用在设计的整个阶段。其中，可用性测试法是设计末期最常用的一种用户测试方法，用其对交互原型进行用户测试，可以提高设计的成功率。

训练三 比赛项目

一、《看见天气》

设计说明：打造一款富有创意且充满视觉元素的气象 App。气象信息是我们每日都需要接触的基本生活信息，但目前，大量的气象 App 视觉元素雷同，缺少创新，例如：雾霾等气象信息在呈现时，往往缺少更加直接的视觉观感，无法给予雾霾等地理气象信息更深的视觉表现力。本次设计希望解构整理地理气象信息数据，通过运用新媒体技术手段赋予其独特的视觉美感，使得参与者拥有全新的交互体验，产生独特的愉悦感，充分发掘其美学价值与社会意义。

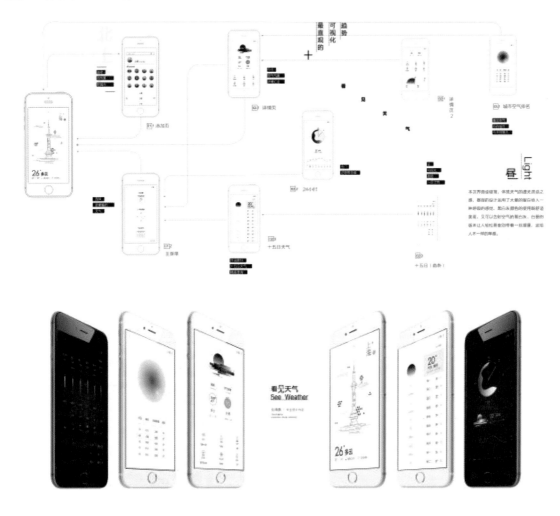

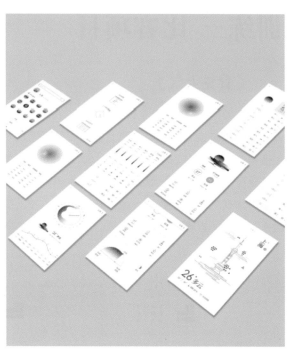

二、《声声入耳》

设计说明："声声入耳，声入人心"，声音首先可以进入耳朵里面，最终目的是进入用户的内心，与其产生情感共鸣。将进度条作为开始的标志，同时也是音频播放过程的显示，进度条的结束表示音频内容的结束，已经从平台进入用户的耳朵中，但最终的目的是进入用户的内心，则简单明了地用爱心表示。总之，"声声入耳"是一个以科技为基础，追求美好音频的共享平台，音频不仅仅进入人们的耳朵，更要进入大众的内心，产生情感的共鸣。品牌融入微量的社交功能，采用撞色设计，使品牌更加具有活力，动态 logo 表现出创意视觉效果。

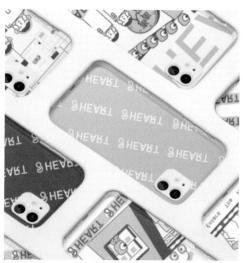

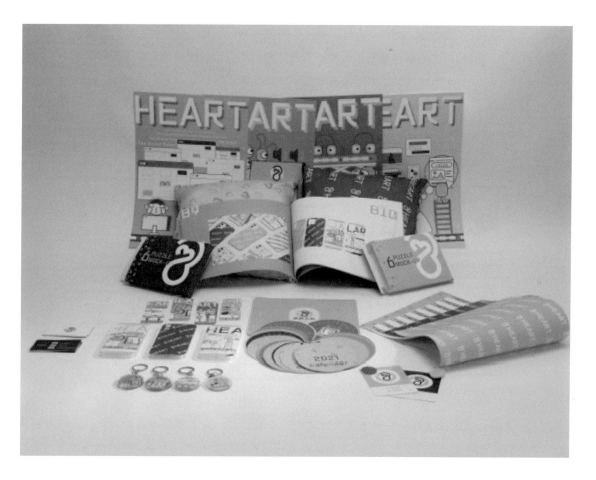

三、《触手可听》

"触手可听"是一款基于社交媒体的音乐 App，致力于让更多的人了解和欣赏古典音乐。该应用程序提供了一个平台，让用户可以轻松浏览和观看更多的古典音乐街头表演视频，并可以与其他音乐爱好者互动和分享。除了观看和分享视频外，用户还可以参与到这些免费或低价的街头表演中。"触手可听"提供了这些演出的信息。同时，用户还可以关注自己感兴趣的表演者，并参加自己感兴趣的表演者通过此平台创建的街头音乐演出。用户可以通过该应用程序发现新的音乐人才、建立联系，还可以与其他用户交流他们的音乐经历和感受。

"触手可听"的设计目标是打破古典音乐表演的传统限制，提供更多的机会让人们接触和体验这种艺术形式。在日常生活中，许多人并没有接触过古典音乐，也没有特别的兴趣。但是有一天，他们路过一场街头古典音乐表演，被表演者的音乐和演出所吸引，于是拍下了视频。这些视频被分享到一款叫"触手可听"的 App，让更多人看到了这些精彩的演出。其中一些人开始对古典音乐产生了兴趣，在 APP 中发现了他所感兴趣的乐器和表演者。他们不仅可以快速地了解演奏者的信息，甚至可以预订他们的演出，以确保自己能够亲身体验到这些表演。通过这个 APP 的帮助，他们发现了古典音乐的魅力，越来越多地参与到现场音乐表演中，享受音乐的美妙，成为古典音乐的爱好者。

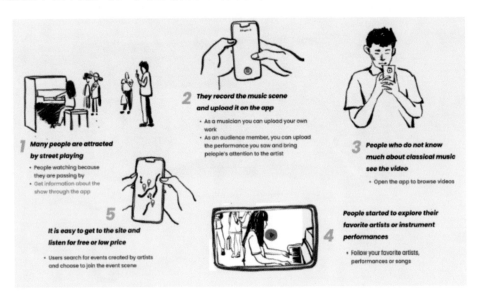

这款 App 的核心功能是为用户提供丰富的古典音乐表演信息，给予那些原本对古典音乐没有兴趣的人更多机会去聆听。用户可以通过浏览街头表演视频发现自己喜欢的表演，并通过表演者的账户

了解更多信息，查看此表演者是否有演出可以参与。同时，用户也可以通过地理位置信息来查找自己所在城市或旅游目的地附近的古典音乐表演活动，方便他们更好地体验和参与这一领域的文化活动。这些功能的整合使得用户可以轻松地发现和参与古典音乐表演，让他们更加深入地了解和欣赏这一艺术领域。

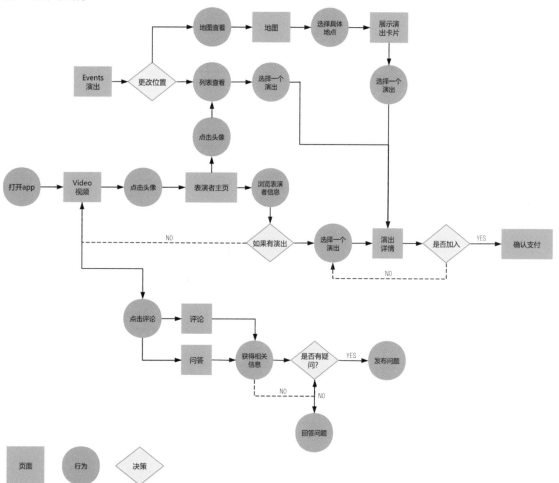

"触手可听" App 功能框架主要分为五个大部分，旨在提供一个全面的古典音乐体验。首先是视频模块，用户可以通过滑动浏览视频来发现自己感兴趣的音乐或艺术家。该模块使用个性化推荐算法，为用户呈现相关的音乐视频，增加他们的参与度。其次是演出模块，用户可以通过艺术家主页了解艺术家的生活和即将举行的演出，并方便地参加现场演奏。接下来是聆听模块，用户上传、拍摄以及直播音乐现场。此外，App 还提供消息以及个人主页模块，用户可以通过评论和问答功能与其他用户交流、分享音乐知识，并参与社区讨论。通过这些功能的有机组合，"触手可听" App 旨在让用户轻松参与到古典音乐的世界中，享受优质的音乐体验，并在一个充满活力和互动的社区中与他人分享共同的音乐热爱。

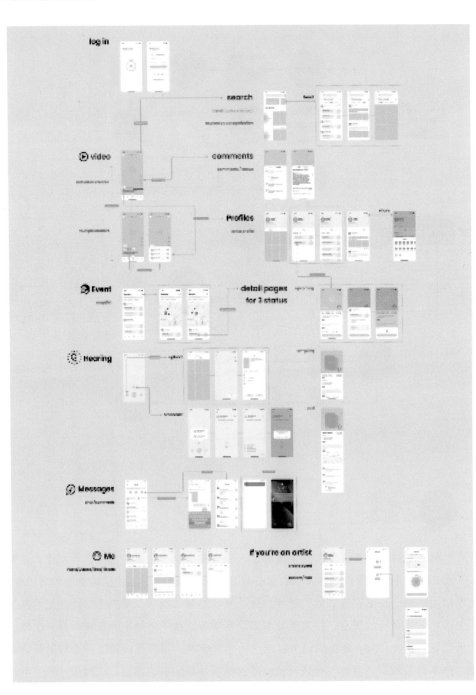

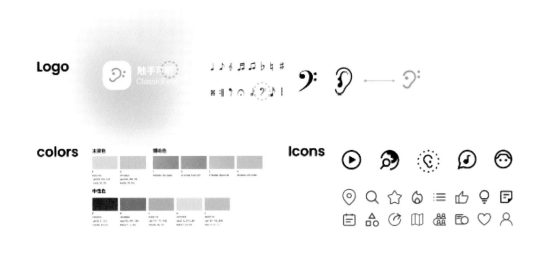

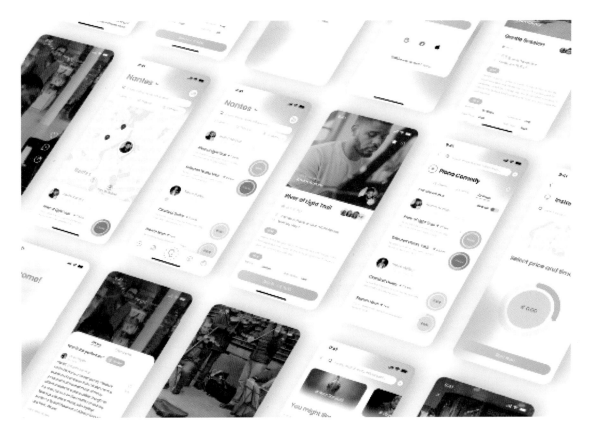

训练四 实践项目

一、创摩视觉工作室品牌设计

当今各个媒介在品牌塑造中已扮演了重要的角色，此次设计以创摩视觉工作室为实践题目，运用多元素为品牌做个性化形象设计。设计内容包括标志设计、海报、动态元素、衍生品以及品牌网站设计等。品牌通过情感化设计，较明亮色彩辅助张扬品牌个性，打造独特的品牌情感。

logo 设计理念

运用直观而又极富创意的几何元素排列成"创"字，形象地突出了品牌的力量，且具有时尚感。色调选用对比强烈的红蓝色，提升年轻感和活力，也区分了红色部分表达的 CM（创摩）的含义。在图形上重叠了行距不同的英文元素，目的是凸显 Unique Design（UD）的企业理念。 字形处理上更加圆润、细致，表达了创摩视觉工作室打造最 cool 的极致作品。

调研的以往的例子中，情感化设计常见于插画、产品设计等，在品牌设计中很少看见。但恰巧的是，创摩设计是个人设计工作室，它带有一定个人设计风格与独有个性。通过对这个品牌的形象设计，来张扬品牌独特的个性，使得打造的品牌情感既能与品牌风格相一致，又能够呈现独特的个性，让用户可以产生共鸣和归属感，又能够体验到新鲜的感受。但是如何对品牌进行情感化设计，可以思考从图形、文字、动态 logo、多平台融合这四个切入点进行设计，希望能够张扬品牌个性，达到情感化设计的目的。

品牌设计里的辅助图形主要有两个功能：传播和打动，即通过直观、创意性的图形，传递产品的信息给顾客，同时这些图案也会吸引顾客的目光，导致购买行为。好的辅助图形不仅可以提高产品的视觉效果，还可以激发顾客的消费欲望。这种视觉图形可以通过不同方式来实现，夸张、拟人等手法都可以丰富图形的视觉效果和内涵。

根据创摩设计工作室延展的辅助图形一部分是通过提炼品牌 logo 的图形，另一部分是对设计师和客户之间的关系进行一些创意的遐想。比如设计师和消费者之间的沟通，大量的头脑风暴等等，用一些夸张、有趣好玩的图形绘制了这些延伸图形。这使得辅助图形既能代表品牌文化，帮助品牌传播，又能让消费者感受到好玩，有创意，得到消费者的认同。

这些图形会应用到品牌衍生品中，衍生品设计也是品牌形象设计中一大重要组成部分，它能够在 logo 的基础上更直接地把品牌宣传出去。对于很多餐饮公司来说，会使用很多有设计感、创新性的衍生品设计，比如包装袋、纸杯等更能激发消费者的购买欲望，达到最佳的销售效果。比如网红饮品喜茶，它已经逐渐走向生活方式类品牌，推出了很多有设计感的日常物品，特别是纸袋上的插画，让人看到就会有购物欲。

情感化的文字设计主要体现在 logo 上，logo 设计的主要目的是要在视觉上使客户从设计工作室领域的复杂竞争中脱颖而出，同时也张扬了品牌年轻化、有活力的个性。

首先运用直观而又极富创意的几何元素排列成"创"字，形象地突出了品牌的力量，且具有时尚感。原色调选用对比强烈的红蓝色，提升年轻感和活力，也区分了红色部分表达的 CM（创摩）的含义。在图形上重叠了英文的元素，同时在行距上有一些小变化，目的是凸显 Unique Design（UD）的企业理念。文字设计上更加圆润、精细，表达了创摩视觉工作室打造最 cool 的极致作品。

除了情态 logo，还做了动态 logo 的效果。既能让用户印象深刻，也能唤醒用户的情绪。

近几年动态 logo 的热度持续增长，很多品牌都有了自己的动态 logo，比如谷歌，宜家。动态 logo 相较于静态 logo 能够更好地阐述品牌故事，也能更容易被用户记住和理解。

创摩视觉工作室的动态 logo 设计着重想要体现品牌的理念 "UD"（Unique Design），所以在图形中间的英文字母 "studio" 上做了些细节设计，几个圆点汇聚成 "studio"，接着字母从一开始的平均分布变为不均匀分布，从而凸显出 UD 两个字母，这样节奏感的设计也让 logo 变得有趣生动。希望通过动态 logo 的设计让用户对品牌的理念记忆深刻，也能比静态 logo 效果更好地应用在线上宣传中。

很多案例表明，基于多平台融合的品牌设计，视觉设计效果好，具有更高的实际应用价值，传播的人群更广，同时难度也更高。

创摩品牌本身的多元素设计使得它无论是在线上线下的设计中视觉表现力都很强烈：在创摩视觉工作室的 logo 设计上融入了几何图形元素。几何图形是设计中最经典的元素，它用简单的方式传递信息，但又具备较强的视觉冲击力。因为创摩本身定位是年轻时尚，所以使用几何图形的元素摆脱了传统的物象表现方式，有着焕然一新的感染方式，视觉效果上看着简洁却不简单；在几何元素的基础上，还融合了手绘元素更多地应用在品牌衍生物的包装上。手绘元素往往是用来呈现创意的有效手段，通过对设计师和客户之间的关系进行一些创意的遐想，绘制出有趣好玩的手绘图形，既能够使顾客眼前一亮，又能更好地推广品牌。

恰巧的是创摩品牌需要线上线下相结合的宣传方式来推广品牌，再加上动态的一些设计能够更好地应用在线上的宣传。所以通过对创摩的网页、电子宣传册设计，再结合 VI 设计，多平台的融合推广，能够效果更好地向客户展示一些企业的作品和文化。客户也可以很方便地通过线上平台和设计师们交流、互动，延展了用户和设计师之间的联系。

二、《云隐山庄》

云隐山庄是一家坐落于湖南省长沙市长沙县的山间民宿，其品牌理念来自东晋诗人陶渊明的《停云》和《归去来兮辞》。归隐与享乐是品牌的核心思想，让平日里忙碌的人们从密集的城市生活中跳脱出来，感受自然风光的安逸，但现代感的装饰风格不会给顾客带来陈旧感。

随着国创的热潮到来，"中国风"在近两年席卷了国内大大小小的品牌，它是传统文化精华的荟萃，它区别于世界上任何一个国家的装饰元素，具有自己独特的魅力特征。因此，在现代民宿设计中得到了越来越多、越来越深入的应用。本设计立足于民族地区的特点，以云隐山庄的民宿建设为切入点，分析如何让"国韵"在云隐山庄民宿设计中得到应用，实现传统文化与现代平面设计相融合，做出具有地域特色的民宿规划设计，以弥补"中国风"在民宿设计中的单一性，让当代民宿设计中"中国风"不仅仅是以传统中国元素的形式出现在大众视野。

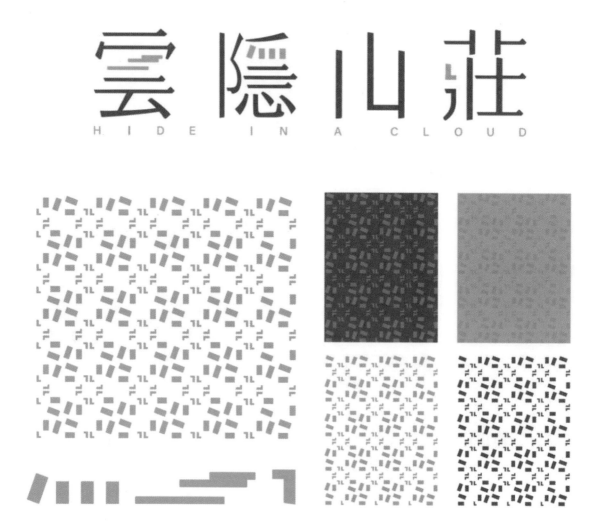

三、《水果心球咖啡 App》

此 App 启用图标设计，采用线性图标，结合"心""宇宙"与"咖啡杯"的概念。

ICON 图标设计使用线性风格做主要设计，ICON 中包含"心"及"宇宙"的元素，与品牌主题相呼应，颜色上选择了界面的标准色，保证了视觉效果的统一。

首页　　点单　　订单　　集章　　我的　　垃圾桶

快递　　加入购物车　　扫描二维码　　选中地点　　地标　　表情包

购物车（生活馆）　　订单(生活馆)　　商品（生活馆）　　增加　　减少　　加载中

桃子　　香蕉　　葡萄　　橙子　　草莓　　牛油果

门店自取　　外卖点单　　积分商城　　礼券兑换　　生活馆

水果形象化设计。品牌饮品主要水果包含香蕉、牛油果、葡萄、桃子、橙子、草莓六款。将六款水果进行形象化设计，整体以美式复古的风格为主，配色搭配页面的标准色，增添用户使用 App 过程中的趣味性，对品牌产生深刻印象。

点单页面分为门店自取及外卖点单两条流程线；集章页面可从首页直接进入，同时在点单完成后也有设置按钮直接进入集章。

生活馆主要功能为"水果心球"品牌周边产品的售卖。设计采用悬浮菜单栏以区别主要页面的分类方式。

在水果心球咖啡 App 中，将重心放在咖啡 App 与用户的多元化交互形式。线上线下相结合，旨在给予用户新颖有趣的互动体验。用户每购买一杯饮品即可进行集点，线下用户通过店员在手机上盖章的方式集点，增强实体交互体验，线上外卖的用户通过扫描杯身图案，呈现动画，进行集点。

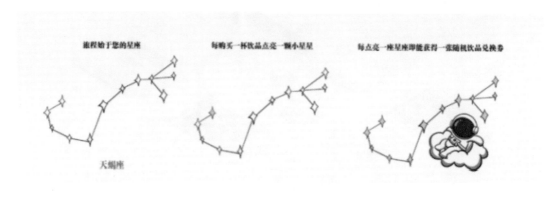

叁

通过世界知名案例分
析及设计师的简介，
读者将能够欣赏他们
在数字媒体品牌形象
设计领域的创新和影
响力；读者也能够拓
宽自己的设计视野，
同时获得灵感和启发，
以应用于自己的数字
媒体品牌形象设计项
目中。

欣赏表达

第一节 世界知名品牌形象设计

一、可口可乐

标志是可口可乐形象系统最重要的组成部分，1886年罗宾逊（Frank M. Robinson）从糖浆的两种成分激发出灵感：两种成分为古柯（Coca）的叶子和可乐（Kola）的果实。为了整齐划一，决定将"K"化为"C"，Coca-Cola便正式诞生了。后来可口可乐的标志继续发展，形成以红白两色为主要基色的商标。红白色是西方圣诞老人的颜色，这样设计有利于人们记忆和品牌推广。

标志诞生后，可口可乐公司对其大力宣扬，无论是在包装、路牌、期刊，还是在电视、网络等媒体，到处可见。今天可以说世界各地，大到城市，小到街道，都有它的身影，正是因为如此广泛的宣传，高频率的出现，才成就了世界上最有价值的品牌。

可口可乐标志设计及饮料瓶的设计是罗维20世纪30年代的成功之作。他采用白色作为字体的基本色，并采用飘逸、流畅的字形来体现软饮料的特色。深褐色的饮料瓶衬托出白色的字体，十分清爽宜人，加上颇具特点的新瓶造型，使可口可乐焕然一新，畅销全球。可口可乐选用的是红色，在鲜红的底色上印着白色的斯宾塞体草书"Coca-Cola"字样，白字在红底的衬托下，有一种悠然的跳动之态，草书则给人以连贯、流线和飘逸之感。红白相间，用色传统，显得古朴、典雅而又不失活力。可口可乐的标志设计Coca-Cola，线条飘逸优美，一气呵成，让人酣畅淋漓，鲜艳的红色充满激情与活力，散发着一种健康、积极向上的气息，无时无刻不在向爱它的人们传递着活力，秉承了其"积极乐观美好生活"的经营理念。而且它的瓶身同样很有设计感，造型优美而独特。与原本的可口可乐标志设计相比，新商标最大的变化则体现在中文标志上。由香港著名广告设计师陈幼坚操刀，设计出全新流线形中文字体，与英文字体和商标整体风格更加协调，取代了可口可乐自1979年重返中国市场后一直在使用的中文字体。而这也是可口可乐中文标识在中国23年来的第一次全新设计。而为迎合年轻消费者，可口可乐2013年悄然推出针对中国市场的新包装，在一贯的红色包装上，"可口可乐"四个大字已经"退位"，取而代之的是诸如"文艺青年、高富帅、白富美、天然呆"等网络流行语。

著名的可口可乐公司在不同的国家有不同的版本，那些著名的CI符号部成为重要的设计元素：公司标识、红色、飘带、qT乐瓶、缓缓飘动的气泡等，使网站成为公司CI手册的在线延伸，也使页面的布局分割更加有机生动。此外，在塑造公司统一的品牌形象的同时，也考虑到不同国家、民族的独特文化与市场特征，在不同国家版本的可口可乐网站上，设计元素的精心编排与运用也各具特色，体现出企业既国际化又本地化的经营理念。

网站是可口可乐宣传的辅助手段，是企业形象的展示、与顾客的交互平台、信息发布渠道，同时也是销售平台、招聘渠道、维护客户关系的一种途径。

在网站上顾客可以很好地了解产品的种类、品牌文化，与企业进行互动；可以从不同的角度了解可口可乐公司的历史和发展过程、业务状况、合作伙伴、任务与使命，网站内容具体，有逻辑性。网站上还有可口可乐最新消息、新闻稿、图片库、媒体留言、公司资料，给想了解可口可乐或者想与可口可乐取得联系的顾客提供方便。此外，对想加入可口可乐的求职者也设有专门的板块，便于求职者应聘。

可口可乐的第一个广告于 1886 年 3 月 29 日刊登在《亚特兰大日报》上，像很多新推出产品一样，广告重点强调了可口可乐的特性："可口可乐，美味！清爽！醒脑！提神！可口可乐兼有奇妙的古柯叶和著名的可乐果的特色！各个冷饮柜均有出售。"罗宾逊撰写的广告不仅十分简洁、醒目，还节约了购买版面投放广告的费用。为了让可口可乐获得更多的曝光，罗宾逊还借鉴了秘方药、保健品将大部分广告预算投入海报、路标、日历、餐厅碗碟、温度计、闹钟、铅笔、学生书签以及冷饮柜的玻璃盘子等生活用品上面，让消费者反复使用的同时记住可口可乐。

近几年，关于元宇宙的话题引发了不少热议。随之，众多品牌、商家也纷纷玩起元宇宙的创意，就连饮料巨头可口可乐也将营销方向转向了虚拟世界。

可口可乐宣布推出 "Byte 字节限定系列" ，并公布了该系列的首款产品——像素味（the flavour of pixels）无糖可乐。

像素味是 "第一款诞生于元宇宙的可口可乐口味" ，受到网络游戏世界以及元宇宙的启发，可口可乐表示， "它尝起来像像素" ，具有 "直截了当、前卫的味道" 和 "清爽体验" 。

为了贴合这次的包装设计，他们还将自己的 logo 单独设计了一个像素版本。

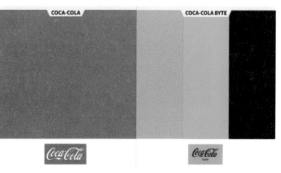

在包装上，这款可乐罐身整体呈现为紫色，标有可口可乐旗下全球创意平台"乐创无界"（Coca-Cola Creations）的红色 logo。绿色、紫色的像素方块以空间渐进感分布，Coca-Cola 字样被像素化，颇具电子游戏的异次元风格。无论是 logo 还是包装设计，都是满满的复古电子游戏风格。

095

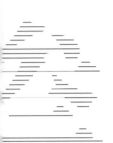

二、瑞士联邦铁路公司

Miller-Brockmann 为瑞士联邦铁路公司设计视觉识别系统，该系统包含铁路的所有印刷和视觉材料，包括站台标牌、车票、时刻表和紧急通知。

Miller-Brockmann 和它的合作者 Peter Spalinger 决定红色用作标准的颜色，由一个十字和两个箭头组成，让人联想到瑞士国旗。他们使用了 Helvetica，然后用数字和一系列的文字强调文字标志代表飞机、电车或厕所等物体的象形文字，被精细的矩形边框包围，并与各种网格系统相结合以提供底层结构。

瑞士铁路具有欧洲最准点火车的美誉。四通八达、准时便捷的瑞士铁路网其实是瑞士社会自我认知的组成部分。瑞士也以它美丽的火车之旅而闻名，冰川列车、黄金列车、巧克力列车……瑞士火车几乎是所有到瑞士旅游的人士必选的旅行方式。天堂般的美景，便捷的交通和瑞士铁路应用程序人性化的设计服务都带给用户无限惊喜的旅行体验，无不让来瑞士旅游的人流连忘返。瑞士铁路应用程序所提供的贴心的用户体验使用户对瑞士铁路的好感度层层提升。在瑞士铁路的应用程序中可以获取用户所需的各种旅行信息，例如电子票、线路查询、人员的满员程度、换乘站台、车辆准点或晚点的信息等。

瑞士铁路的应用程序非常注重用户的旅行体验，关注的是用户旅行过程中的每个关键点。以卢塞恩

（Luzern）到因特拉肯（Interlaken Ost）的旅行线路显示界面为例，介绍其用户体验设计到底好在哪里。从图中能看出整个旅程需要花费 2 小时 27 分钟，中间需要换乘 1 次。当用户处于一个完全陌生的环境，尤其是对第一次到此旅行的人来说，旅程中的不断换乘可能会给用户带来糟糕的体验，上一班列车的晚点会严重地影响下一段旅程的开始，复杂的换乘流程可能会使用户直接迷失在车站中，从而使整个旅行的体验都大打折扣。

瑞士铁路的应用程序有效地解决了车辆换乘的问题，其页面上部的运行线路不仅标明了列车的运行路线，而且还会随着火车运行的时间同步变化。其页面中部的运行路线的显示设计也是以用户为中心，将用户的出发地和目的地作为路线的起始点和终点，并明确了用户换乘的时间点，避免用户出现提前下车、坐错站的情况。红色的点是当前列车正在行进的时间点，当红色的点与白色的点重合时，就意味着用户到了需要换乘的时间点，其贴心的设计使原本最可能出现问题的换乘变成了最自然平常的事，从而使用户对整个旅行有一个很好的掌控感和安全感。

旅游本是一种感受自然、享受生活的活动，瑞士铁路应用程序打动人心的用户体验设计使乘坐火车不再是一种出行的方式，而是享受旅游的过程。

第二节 著名平面设计师介绍

一、梅实

梅实是中国著名设计师，不仅在绘画领域有着卓越的成就，在品牌设计方面也有着丰富的经验和显著的成果。

梅实毕业于中央美术学院和对外经济贸易大学，并在新南威尔士大学设计专家研修班深造。他的代表作品包括《交流》和《布达拉宫》，这些作品不仅在《美术之友》和《版画世界》等刊物上发表，还在"中国首届电脑美术展"中获得一等奖和二等奖。

梅实在艺术和设计领域的成就不仅限于绘画。他曾在"科学与艺术国际研讨会"上展出电脑艺术作品，并在"第30届国际地质大会"担任美术总监。此外，他还参与了多个国际艺术论坛和展览，如美国华盛顿大学东方艺术论坛。

梅实在品牌设计方面也有着丰富的经验。他曾为中国出口信用保险公司等单位进行CI品牌形象设计，并在西班牙《欧洲侨报》形象设计和实施中担任重要角色。他的设计作品在多个国际设计年鉴中入选，并在佛罗伦萨天使古堡展出巨幅壁画《丝绸之路》，该作品被佛罗伦萨总领事馆收藏。

品牌的影响力

一个企业要拥有一线品牌的影响力，靠"百年经营"的方式去营造，恐怕不太符合世界经济发展变化的大背景。在当代画家、品牌设计大师梅实先生看来，在中国传统文化氛围里而成就的"百年老店"，因为在品牌影响力的思维上固守"酒香不怕巷子深"的老观念，在品牌国际化的影响力拓展上缺乏主动性，没有紧赶时代的战略性，所以纵使有"百年基业"也抵不住信息时代背景下新品牌新营销的强烈挤压，一败涂地者比比皆是，无可奈何花落去者也大有人在。

助力本土品牌发展

梅实说：在中国历史上曾经有过各式各样的品牌，据统计，历史上共有"中华老字号"17,000多家。许多是古代人和现代人喜爱的老品牌，但大多数品牌在1949年后夭折了。到了80年代初，就只剩下了2,000多家老品牌，而且经营好的只占少数。而现在遗存的著名的中华百年老品牌不到20家。而日本百年品牌现在有25,321家，位居全球第一。美国百年品牌有11,735家，位居全球第二。

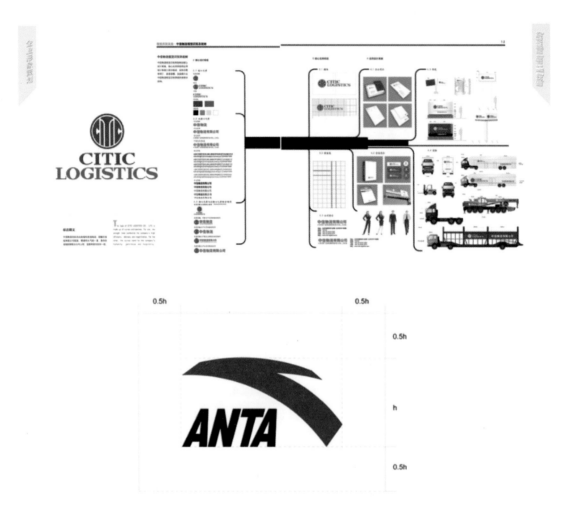

梅实走遍了世界，发现如今在 Made in China 充斥着世界各国街头，"中国制造"为全球经济繁荣做出了巨大贡献的同时，中国商品的品牌、质量和定位却没有受到应有的国际尊敬。我们面对着"制造大国，品牌小国"这样的局面，为"中国品牌"没有获得与之匹配的声誉和国际竞争力而惋惜。为此，梅实先生为中国品牌策划的需要，学习了大量经济类知识，以及 MBA 的硕士课程，不断扩展知识结构。

据联合国工业计划署统计，全球共有 8.5 万种知名品牌，其中欧美国家拥有 95% 以上，而中国的国际知名品牌却寥寥无几。发达国家的国民生产总产值中 60% 的部分来自品牌产业，而我国国民生产总产值中只有不到 20% 的价值来自品牌制造业。中国是排名世界贸易前 10 名的外贸巨人，但贸易中流转的商品却无法带来品牌的附加值。中国的商品，仍停留在以原始的资源和加工价值来换得微薄利润的阶段。

梅实认为，随着全球加工制造业的转移，印度和越南的崛起，资金的外流，外企的撤出，中国经济和产品正面临前所未有的竞争压力，国内和国际市场已由产品消费走向品牌消费，中国企业依靠贴牌生产和低端产品获得的成长空间越来越小。

以知名品牌的经济实力为后盾来分割世界资源、拓展全球市场，是目前国际经济运行的一大特点。由此可见，面对激烈的国际竞争和贸易封锁，面对国内的经济下行，中国已经走到了必须改革深水区的十字路口。遵从国际规则，重铸世界形象，才能完成从"中国制造"到"中国品牌"的腾飞。

梅实是一位有国际品牌战略思维的大师，有锻造企业金品牌的卓越才华，他的文化修养贯通中西，为开拓艺术视野，从中国走出去，在美国和加拿大学习精研品牌设计，并且未忘画道修养，在国际艺术空间觉悟文化。旅居美国时，积极参加国际设计和画展，成绩非凡，两次获得美国国家艺术奖章。当他学有所成之际，回望故土的品牌，深感要有助力国内品牌文化由波澜不惊，走向惊艳世界的担当！所以这位艺术家毅然由国外转向国内，放弃一切优厚待遇，在中国的土地上，开始了助力本土品牌超越世界的创业拼搏。

国际视野弘扬品牌文化

梅实认为：一个成功的品牌商标设计不仅仅需要创意和设计，还需要品牌蕴含的哲学、信仰和世界观。商标无论用在什么地方，它都必须便于识别，同时一标多意。这可以说是一个难以平衡的设计过程，但无论如何，必须达到这一点。

另外，国内企业大抵知道商标的作用，但是不知道整合商标价值、对企业文化进行全面塑造的价值，在企业标识、企业精神等层面的凝聚提炼力量显得相当薄弱。在品牌营销的今天，没有 VI 设计，对于一个现代企业来说，就意味着它的形象将淹没于商海之中，让人辨别不清；就意味着它是一个缺少灵魂的赚钱机器；就意味着它的产品与服务毫无个性，消费者对它毫无眷恋；就意味着团队的涣散和士气的低落。

精心品牌 VI 设计与企业文化整合的梅实，把塑造"中国品牌"的主方向定位在了企业品牌的整体"VI

塑造"上来。对有实力、有信仰、有文化、有精神、有担当的企业进行深度鉴别和帮助，把分散的品牌元素进行有机融合与归整，提升整体的视觉冲击力和竞争力，让企业的外观形象与国际接轨，让企业的内在文化富有哲学与凝聚力。让企业对外的品牌展示效果有可以"攥起拳头"的新力量，经过对 VI 视觉识别元素的重新规划和设计，使企业文化精神有了一件精彩的视觉霓裳。

梅实团队为世界 500 强企业如中国救捞、香港新中、中国石油、韩国赛我、中国信保、北京奔驰、中国人寿、三一重装、中国进出口银行、蒙牛、安踏、中信物流、世行扶贫、中华轿车等塑造了 VI 视觉识别系统，对企业最精彩的可视事物进行了统一的、标准化的、专业化的品牌展示，使企业形象深刻地向国内外公众传达，从而让企业在参与国际竞争的过程中，有奋发进取的文化精神，有万众瞩目的"帅字旗"。

二、原研哉

日本的平面设计以细腻、自然、留白的风格著称，即使小元素都能排得非常有韵律，这是源于对生活的观察和对设计的深度考虑。在日本设计高速发展的时期里，诞生了很多优秀的平面设计大师，比如原研哉。

小米新logo

原研哉为小米品牌视觉融入东方哲学的思考，从"科技与生命的关系"出发，提出全新的设计理念。小米发布了全新logo，开始升级品牌识别系统。

"小米的新logo应该是怎样的形状？"对此，原研哉对从正圆形到正方形之间的各种形状做了验证。在验证的过程中，他们遇到一个数学公式，将各种变量n带入这个数学公式的话，从正圆形到正方形之间，将会呈现出各种非常美丽的形状。

这个过程让原研哉感受到了数字的魅力。经过各种对比，最终推荐采用n=3这一形状。

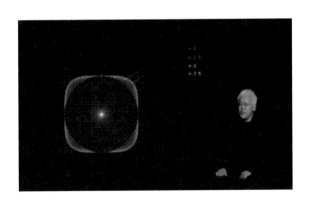
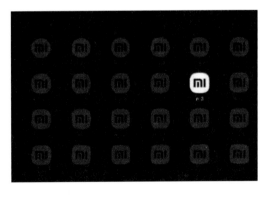

103

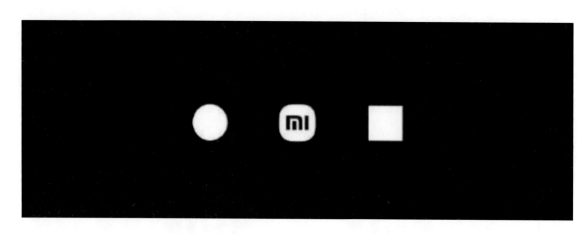

原研哉认为这是介于圆形和正方形中间的、造型适中的，且最适合体现"Alive"要素和性质的图形。在设计新标识的同时，原研哉还重新设计了与外轮廓相呼应的"xiaomi" 字母 logo。在使用的时候，标识和字母 logo 分开使用是效果最好的。对于品牌形象建议只用品牌标识，对于更高精度的智能手机之类的设备，使用字母 logo 的效果更好。

2020 东京奥运会标识提案

两颗红色的律动的星球，借鉴了太阳、月球以及竞技场的含义。

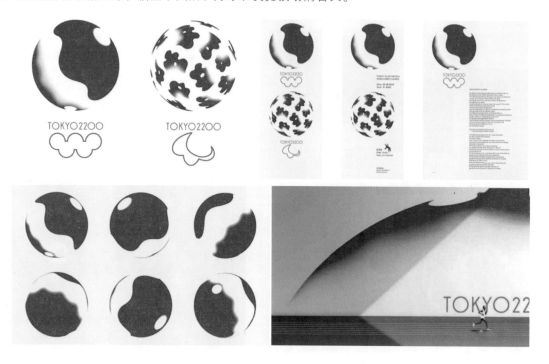

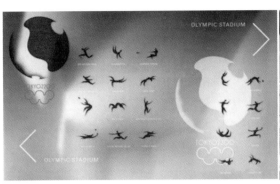

2008 北京奥运会标识提案

原研哉是 2008 年北京奥运会几位受邀参加标志设计的大腕之一。

三、靳埭强

靳埭强在平面设计界是当之无愧的大师级人物。他特别强调设计师的专业精神，认为漂亮的设计并不一定是好的设计，最好的设计是那些适合企业、适合产品的设计。靳埭强是靳与刘设计顾问公司的创作总监，靳与刘设计顾问公司是香港一流的设计公司，为无数企业进行过包装设计。靳埭强在80年代初设计的中国银行的行徽至今仍然被视为典范。

企业就是品牌

靳埭强认为，成功的企业必须要有良好的品牌形象，而企业本身是良好的品牌形象的基础，作为企业，应该有真的形象、真的体质，应该有清晰完善的理想和目标，以及美的内在和外在。而作为设计师，则必须了解企业的这些特点，了解企业的本质，确定企业的文化，塑造企业的真形象。

同时他认为，设计不单是企业促销的工具，更重要的是为企业塑造形象，准确地传达企业的文化精神。设计一方面发挥其商业功能，达到应有的市场效应；另一方面又能蕴涵比较深厚的文化素质，为企业建立一个正面的视觉形象。靳埭强在给企业设计的过程中，也是按照这个原则来进行的。

设计要了解市场

靳埭强设计的猛龙牛仔就是这一宗旨下的传神之作。"因为美国以出产优质的牛仔裤而闻名，所以我们在设计的过程中为猛龙牛仔的形象增加了美国色彩。同时在其外包装上增加了充满节日气氛朱古力形象，使得这个包装有了浓郁的人情味。"新的包装推出来后，猛龙牛仔的市场迅速打开，猛龙牛仔已是香港人过节送礼的佳品。靳埭强认为一个好的设计师不仅应该掌握现代的设计语言，还应具备市场分析能力，对市场有敏锐的触觉，为产品进行市场定位，这样才能创造出出类拔萃的品牌形象。

融合中西的设计理念

靳埭强主张把中国传统文化的精髓，融入西方现代设计的理念中去。他强调这种相融并不是简单相加，而是在对中国文化深刻理解上的融合。例如中国银行的标志，整体简洁流畅，极富时代感，标志内又包含了中国古钱，暗合天圆地方之意。中间一个巧妙的"中"字凸显中国银行的招牌。这个标志可谓是靳埭强融贯东西方理念的经典之作。中国银行行徽获得了美国传达艺术（CA）年鉴设计奖，一举奠定了他的国际地位。裁缝出身的靳埭强坦言自己"并不是很聪明"，创作灵感主要来自平常生活中的发现。他说："我不是天生的设计师，只是自然地从生活中培养潜能。热爱生活帮助我领悟宝贵的人生观，同时给予我神妙的创作动力。"

未来的设计在内地

靳埭强认为亚洲的设计，除了日本，就要属中国香港，若论将来的发展，中国内地有很大的潜力。香港年轻一代的设计师若不努力，将来必将被同辈的内地设计师所超越。

靳埭强认为深圳和广州集中了内地一流的设计人才，但设计师工作的环境，包括社会对设计行业的认同，还有一段长路要走。靳埭强一直呼吁在广州建立一个具有世界先进设计水平的设计中心，目的是"为了给设计师们一个更好的发展环境，帮助更多的广东企业打造优秀品牌"。

靳埭强希望继续为中国的设计事业做一些事，希望中国能有一本真真正正具有权威又在国际上占有重要地位的设计刊物，将世界的设计信息带到中国，亦将中国的好东西推广出去作为桥梁，增进互相交流，提升中国的设计到国际水平。

设计是为他人度身定制

靳埭强说：做裁缝是注重为他人度身定做一套衣服，是要别人穿起来舒适，看起来美观，又合他的心意。这套观念是一个设计师必须要有的。你要为别人——消费者或者委托人去创作一件设计品，是要满足他，而不是为了自己而做。正如裁缝做的衣裳要适合别人的身材，不是做来自己穿。"我很容易明白这套观念，我不会好似一个艺术家只是自恃有艺术气质而去设计，我会为委托人度身定做一件适身合体的设计。"

参考文献

[1] 林怡，周婧 . 色彩在品牌设计中的应用探究 [J]. 大众文艺，2021 (18): 42-43.

[2] 谭茜蔓 . 数字媒体艺术融合自然美学的艺术拓展与价值探析 [J]. 西部广播电视，2023, 44 (04): 4-6,88.

[3] 李亚娟 . 数字媒体艺术在视觉传达设计中的运用 [J]. 鞋类工艺与设计，2023, 3 (08): 61-63.

[4] 吕媛，陈鸿才 . 基于数字媒体时代下的品牌设计研究 [J]. 品牌研究，2020 (05): 42-43.

[5] 沈周锋 . 从消费者需求到品牌视觉表现的探究 [J]. 中国皮革，2014, 43 (04): 21-22.

[6] 孟繁羚 . 浅谈品牌的形象设计与营销对策 [J]. 北方经贸，2009 (03): 52-53.

[7] 王受之 . 世界平面设计史 [M]. 北京：中国青年出版社，2002.

[8] 王受之 . 世界现代平面设计史 1800-1998[M]. 广州：新世纪出版社，1999.

[9] 胡逾，张珺，宣学君 . 品牌文化与市场营销 [M]. 北京：光明日报出版社，2016.

[10] 王军 . 企业品牌创建策划 [M]. 北京：中国社会出版社，2010.

[11] 李月恩，王震亚 . 设计思维 [M]. 北京：国防工业出版社，2011.

[12] 陈根 . 图形产品形象设计及案例点评 [M]. 北京：化学工业出版社，2016.

[13] 黄瑞芬 . 数字媒体环境与视觉艺术创新 [M]. 长春：吉林美术出版社，2019.

[14] 刘慧，狄丞，沈凌 . 数字媒体艺术概论 [M]. 武汉：华中科技大学出版社，2016..

[15] 张琪 . 数字媒体设计 [M]. 长春：吉林美术出版社，2019.

[16] 王虎 . 数字媒体艺术 [M]. 武汉：华中科技大学出版社，2010.

[17] 孙霞 . 品牌形象设计与策划 [M]. 长春：吉林美术出版社，2019.

[18] 赵洁 . 广告创意与表现 [M]. 武汉：武汉大学出版社，2007.

[19] 徐适 . 品牌设计法则 [M]. 北京：人民邮电出版社，2019.

后记

站在信息时代的浪潮之巅，我们眼前绽放着一片崭新的设计天地。数字媒体品牌形象设计在现代社会中扮演着重要的角色，它们是商业成功的关键，影响着人们的生活方式和文化氛围。它们的价值不仅在于塑造品牌的形象和传播信息，更在于与消费者建立情感联系，创造出独特的消费体验。它们共同构建了一个立体化、个性化的品牌世界，推动着商业和文化的发展。

在这本书中，我们深入研究了品牌形象设计与数字媒体的交织，探索了设计的奥妙与无限可能。随着科技的腾飞，媒体的演进，以及品牌在社会中的地位日益重要，本书试图在理论、实践、案例的融合中，为读者描绘一幅精彩绝伦的设计图景。

在本书探索品牌形象设计与数字媒体的终点，我们回首历程，感慨万千，而设计永远没有终点。希望此书能让大家在品牌形象设计与数字媒体方面有所启发，但设计行业的变化日新月异，书中不尽如人意处，还望读者海涵。愿这本书能成为你们前行路上的指南，引领你们在设计的海洋中航行，勇敢地面对挑战，创造出精彩绝伦的设计之作。无论技术如何变革，设计的核心始终不变，那就是为人们创造美的体验，为品牌塑造富有价值的形象。

在这里，我由衷感谢上海理工大学出版印刷与艺术设计学院的领导和教师们，以及所有为本书提供支持和协助的同行们。此外，视觉传达设计的学生们也在课程作业中付出劳动，王发雯和周思佳同学在本书的编排中也花费大量精力，是你们的专业知识和支持使得这本书更加丰富与完整。在此一并表示感谢！